Jan De Vylder

Distance

I still remember that day I took the bike and headed down to the house that René Heyvaert built for his brother Gilbert. It was a grey day and it must have been somewhere early spring. It was some half an hour's drive. Though grey weather it was not cold anymore.

I believe I took the bike after having had a moment of doubt about what I was doing. Wanting to become an architect was a long-time dream or at least the outcome of an ongoing fascination for building sites since I was a child. The architectural education conflicted with that in many ways. On one hand, was the discovery that building could become something like architecture. On the other hand, the way architecture was educated at that time was miles away of what seemed, at least to me—oh pretentious young mind, really immanent or relevant at that time.

Anyway. I needed the ride. And checking the house out had been on my list for a few weeks. When I turned the bike on to the gravel pocket road leading to the house I was a little nervous. Yet only one hundred meters further on I halted. On the right was the house. The orange sunshade caught my attention first. I stayed at the road and looked from that distance. The next years, if not every year, I passed by at least once. But never entered the house. And stayed at that angle and distance. Sometimes people seemed to be home. Sometimes it felt as if abandoned. Many times the fantasy came to live in that house once.

The first introduction on the work of René Heyvaert, and still the most important, came about thanks to Marc Dubois who wrote an extended review for a school magazine related to a research center CAO—Centrum voor Architectuur Onderzoek—that was embedded in my school. Though Marc Dubois was at that moment teaching Architectural Actuality—I believe the course was named like that or at least that was the content or ambition of that course—and he published on Heyvaert in that school magazine, when he turned this information over to the studio teaching it was considered as irrelevant. Later, a smaller and rather conceptual magazine with the short title UP-3 became the second most important.

The advantage of never have entered the house in all those years was that it left me free to imagine it based entirely on that documentation provided so far. That imagination became a kind of study. A study that year by year led to a better understanding, whilst at the same time, leaving many open ends.

The advantage of never have entered the house in all those years was that it left me free to imagine it based entirely on that documentation provided so far. That imagination became a kind of study. A study that year by year led to a better understanding, whilst at the same time, leaving many open ends. Those often led to the other René Heyvaert. The artist.

Heyvaert was a meticulous architect. Not only from his writing but also by observing his building work can one understand his all-encompassing interest: from the building details over the latest understanding of modern materials to the way people could live not only in a functional way but also in a way that would make living an experience. And this to me makes him a different kind of architect.

But there is more. Looking into the work Heyvaert developed as an artist, one can also see how his building work continued to share ideas he put forward in his artwork. The search for humility and the beauty of scarcity and the respect for the everyday are eminent in the artwork. Each time he underlines this, but each time he also introduces a slightly different angle to make it possible not only to notice that, but to appreciate it in another way.

Having noticed this aspect of him as an artist, and then going back to Heyvaert as an architect, one can notice that his building work is not only in step with the eminent interests at that time in modern—not modernist—thinking as such, and everything that concerns modern life, but wills to regenerate that thinking in the most humble way.

Yet maybe at that time the modern ways of building struggled with the difficulty of the economy of that longing and as a result was quicker to achieve status than a new norm. Heyvaert seems, on the one hand, to be delighted and attracted by that thinking, whilst, on the other hand, he is confronted with the need to find humble expression. This need is different than that economic perspective. This need is a question of idea. The idea of the beauty of the daily and the meaning of life. Life as something which is eminent in everything, even the smallest, most unimportant detail or overlooked element.

Saying that this interest in beauty and in the meaning of things was only a matter of finding pleasure in everything was too optimistic given the person was Heyvaert. The revelation of those qualities was for Heyvaert often rather a serious discovery than a joy. But, in the end, he shared them as an artist does, and a more optimistic appreciation is thus not a misunderstanding.

When one takes a closer look at Heyvaert's building projects in their details and materiality and takes that idea of the artist Heyvaert in account, one can see that those physical components of the building seem to further embed that understanding. Before dedicating himself entirely to being an artist, he was an artist immersed in the architectural practice.

Not having visited the house for so long, and learning to first know Heyvaert as an artist, made me believe that when I was visiting the house for the very first time this house probably appeared entirely different to me than it would have done if I had visited it earlier without that other understanding of Heyvaert as an artist.

Having understood that—first gradually and rather unconsciously, and later more clearly and in a very conscious way—it made the perspective on architecture different to me. With Heyvaert perhaps the idea of what he encountered as an artist, not as an ambition of interpreting architecture into art but taking that way of looking he developed as an artist and turning it into a way of looking at architecture, got maybe not as the first time a re-entrance, but certainly for me personally it varied my experience when I was young and continues to do so today. Perhaps the idea of what Heyvaert encountered as an artist, the artist's gaze he developed that led not to him wanting to interpret architecture as art but lent a way of re-imagining architecture, is what offered me this new way in. It certainly changed how I experienced it when I was younger, and continues to do so today.

I visited the house. And even after all those years of dreaming and considering it was still an exciting moment. And it confirmed what was just explained here. But maybe, after all, I wished that I had visited it only once. I visited it more than once. I even took residence for a while and studied more and discovered more. And it was good to study and understand more. But, it was mostly a house. A house to live in. Heyvaert had understood this very well. It was, without doubt, his first aim keeping the idea of the everyday in mind.

Heyvaert's brother lived in it. Gilbert and his family took the house not only as it was intended but also understood how it should change. As life changes constantly the house also has changed. The lower level was closed as the family, getting older, found it more and more difficult to reach the initially raised ground floor. Many said that it was a shame that this happened to the house. That it disrespected the architect and his ideas on architecture. Dare I raise the idea that maybe this was not the case at all. Taking into account Heyvaert's care for life and the everyday. Both of which were deeply and fundamentally part of his work and thinking at anytime. It might be speculation, but I believe it would make sense to understand that Heyvaert would not have only accepted but embraced that reality.

Love his art and live his house.

Still, sometimes I bike along. And though I know Gilbert in the meantime and love to say hello I hope each time that no one is home so I can stay at a distance standing and look to the house as I ever did. To just leave ideas open. But know that ever is will be part. Of the way, I learned considering life.

Jan De Vylder

René Heyvaert
House for his brother

Filip Dujardin
advvt

Pictures

* pictures shown on
pages 13-17 by advvt

** CRIT./Peter Swinnen
partly restored and
renovated the Heyvaert
House in 2015-17;
page 19 to page 21.

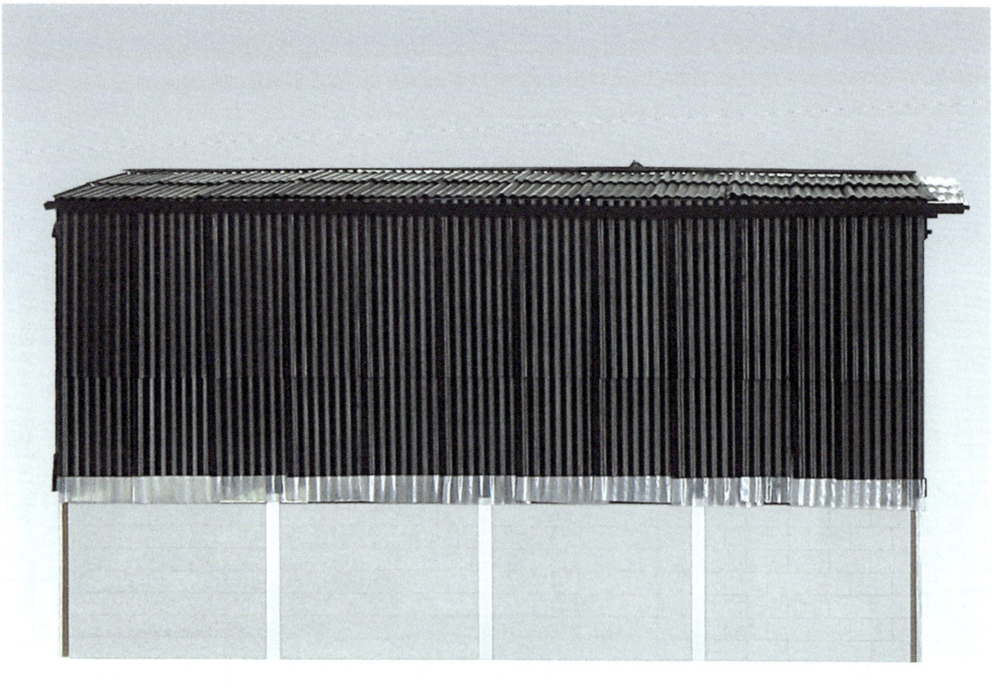

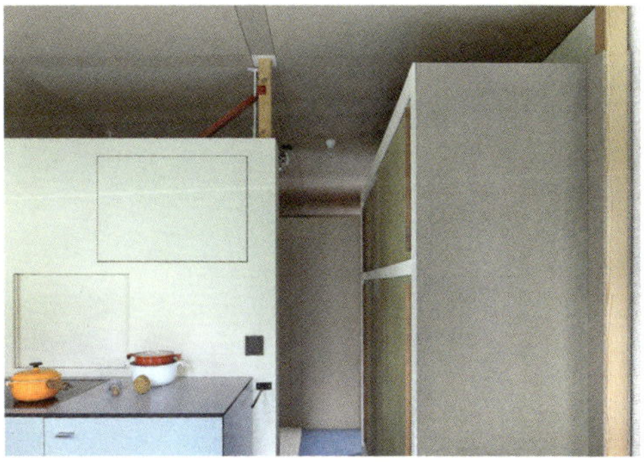

Jan De Vylder

Pages without comments

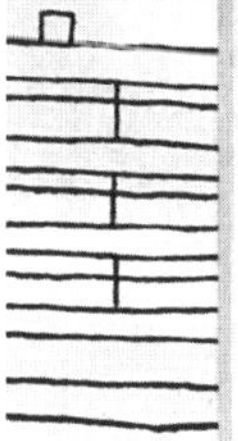

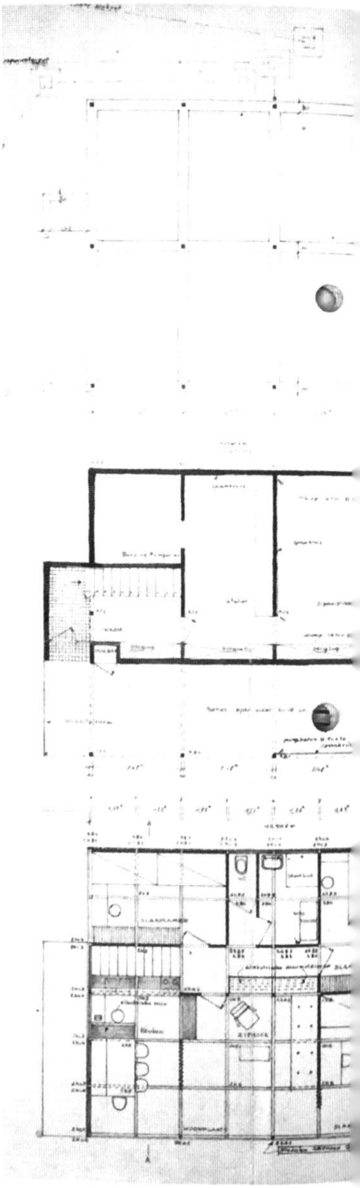

Schets van René Heyvaert van het definitief plan.
Centraal de "natte cel" (WC, douche en keuken)

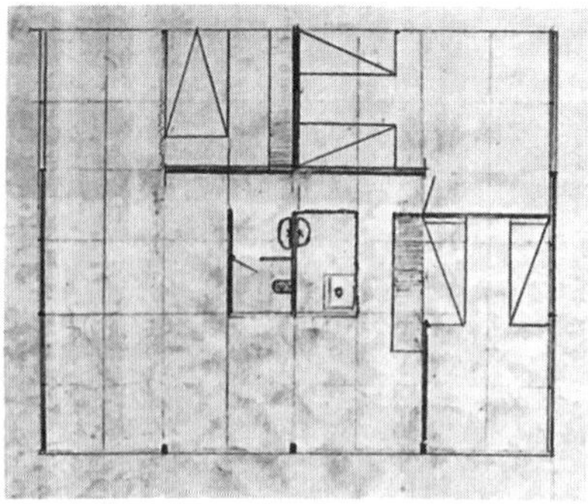

Tweede ontwerp woning Gilbert Heyvaert
1957 / Destelbergen
Bouwvergunning 8 april 1958
tekening: Gemeentearchief Destelbergen

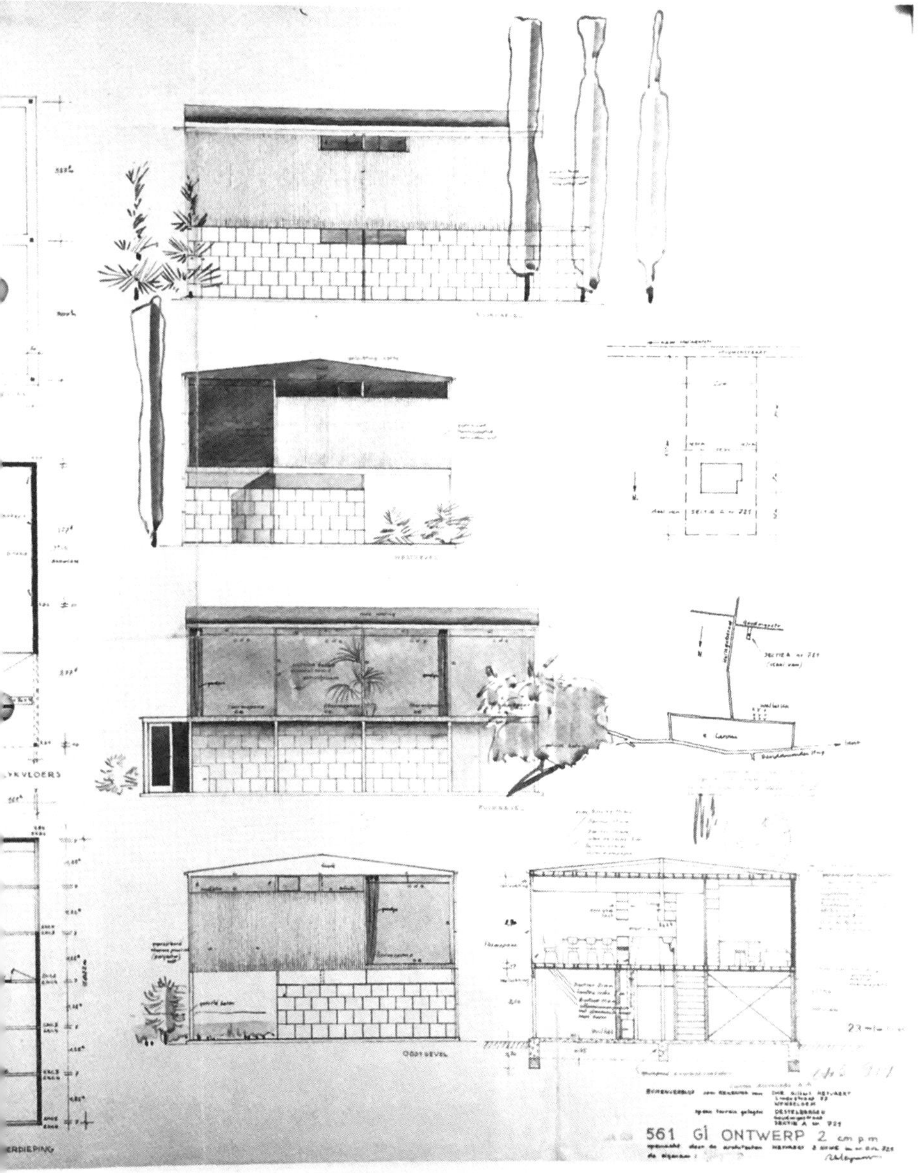

CAO

SINT-LUCAS GENT

T I J D I N G E N

ARCHITETTURA POVERA

Het extreem minimale in het werk van René Heyvaert (1929-1984)

Hoger Architectuurinstituut
Sint-Lucas Gent
Zwartezusterstraat 34
9000 Gent
091/25.42.90

Tweemaandelijks tijdschrift
CAO-Tijdingen
6e jaargang · nrs. 4 & 5
April · Juni 1990

CAO vzw
Centrum voor
Architectuuronderzoek

Verantw. uitgever
Dr. J. Janssens
Sint-Lambertusstraat 39
B-2600 Berchem

Raad van Beheer :
Voorzitter : Dr. J. Janssens
Ondervoorzitter : W. Steenhoudt
Secretaris : M. Dubois
Leden : H. Callaert, A. Coene,
Fr. De Medts, J. De Visscher,
M. Stoop, F. Verschuren
Penningmeester : E. Bieseman

Redactie en samenstelling :
M. Dubois

Lidgelden CAO :
werkende leden : 600 BF
steunende leden : 1.000 BF
ASLK 001-1476913-67

Kantoor van afgifte :
Gent 1 · Korenmarkt

6 | 4&5

ARCHITETTURA POVERA

Het extreem minimale
in het werk van René Heyvaert (1929-1984)

Het plastisch oeuvre van René Heyvaert krijgt pas de laatste jaren een ruimere belangstelling. Op het ogenblik van zijn overlijden in 1984 werd zijn werk enkel gewaardeerd door zijn vrienden en een kleine schare bewonderaars. Van enige erkenning was er nauwelijks sprake ; in alle overzichtspublicaties uit de jaren zeventig en tachtig ontbreekt de figuur Heyvaert. Ongetwijfeld de belangrijkste factor is, dat het oeuvre moeilijk te katalogeren valt onder een of andere strekking ; zijn werk onderbrengen onder een -isme blijkt erg problematisch. In onze samenleving wil men steeds het werk van een kunstenaar etiketteren om het te situeren en bijgevolg ook het te valoriseren binnen het kunstgebeuren. Heyvaert een plaats geven in Belgische kunstsituatie is niet gemakkelijk en dit komt reeds tot uiting in een tekst van Roland Jooris uit 1976 : "René Heyvaert deed me plots aan een uitvinder van heel eenvoudige, vanzelfsprekende dingen denken. Wat me ook opviel : dit werk was heel vrijblijvend. Je kon het niet konstruktivistisch of geometrisch noemen, het was geen eigenlijke minimal art, geen arte povera, geen louter objektkunst en toch had het iets van dit alles".

Heyvaert exposeert voor de eerste maal in 1972, op 44 jarige leeftijd. Dit zeer laattijdige naar buiten treden als kunstenaar heeft vooral te maken met het feit dat hij eerst werkzaam was als architect, een aspect dat in dit artikel uitvoerig aan bod komt. Zijn werk stelt hij hoofdzakelijk ten toon in de Gentse regio. Hij is ook lid geweest van de "Groep van Negen" met o.a. Staf Renier, Werner Cuvelier en Yves De Smet.

Pas na zijn dood ontstond een grote interesse voor zijn werk. De bekende Duitse tentoonstellingsmaker Kasper König selecteerde Heyvaerts werk voor INITIATIEF 86, een manifestatie in de Gentse Sint Pietersabdij ter promotie van de hedendaagse kunst in België. Voor velen was de keuze van König erg verrassend, vooral omdat Heyvaert de enige kunstenaar was die reeds was overleden. Met deze expositie werd Heyvaerts oeuvre voor de eerste maal aan een internationaal publiek gepresenteerd. In de katalogus omschrijft Bart De Baere krachtig het werk : "The minimal as Form / Le degré minimal de la forme" (1). De Baere legt geen relatie met de arte povera beweging maar tracht met begrippen als "œuvre de chambres" en "œuvre de cellule monastique" enig vat te krijgen op Heyvaerts intrigerende objecten. De architecten Paul Robbrecht en Hilde Daem maakten een perfect ruimtelijk kader ; een opeenvolging van drie ascetische kamers waarin de objecten opnieuw in relatie werden gebracht met de kamers van hun ontstaan.

Tussen 1986 en 1990 organiseerde galerie Richard Foncke in Gent een paar kleine exposities. Naar aanleiding van de tentoonstelling in maart 1990 schreef Jan Braet een boeiende benadering van dit toch erg gesloten werk : een oeuvre dat haar innerlijke geheimen moeilijk prijsgeeft. " En nog zal het geheim van Heyvaerts kunst niet ontsluierd zijn voor wie geen zuiverheid zoekt in de kunst. Zijn monochroom beschilderde of bloot houten geometrische figuren, zijn met de figuurzaag bewerkte panelen, zijn uit wilgenhout gesneden stokken, zijn met de stelen of de haren aan elkaar vastgehouden handborstels, al zijn objekjes kunnen alleen betekenis hebben voor de zuiveren van hart, *die armoede, toeval en vergankelijkheid* in het domein van de kunst hebben getrokken om weerwerk te bieden aan de dominerende kunst van de geperverteerde schijn. *Zo is hij ook een geestesgenoot van de kunstenaars van de Arte Povera*". Braet wijst er ook op dat bouwen in de ruimste betekenis en kunst maken voor Heyvaert eigenlijk deel uitmaakten van één en dezelfde constructieve activiteit.

In dit artikel wordt niet verder ingegaan op zijn plastisch werk, verschillende aspecten zullen door Bart De Baere worden belicht in een oeuvrecatalogus, een geplande uitgave van galerie Foncke. Ook Heyvaerts architectuur zal in deze publicatie uitvoerig worden behandeld.

Expositie René Heyvaert / 1986
Sint Pietersabdij Gent in het kader van INITIATIEF 86
Ruimtelijke presentatie door de architecten Paul Robbrecht en Hilde Daem
foto : Piet Ysabie

Voor de eerste maal worden in een artikel een aantal aspecten van Heyvaerts opleiding en zijn architectuur aangegeven. Er is niet gekozen voor een overzicht van projecten en realisaties en dit om de eenvoudige reden dat een afgeronde studie nog niet voor handen is. Een aantal aspecten van Heyvaerts architectuurproductie zijn nog erg onduidelijk, men weet bijvoorbeeld zeer weinig van wat hij als architect heeft ontworpen en gerealiseerd tijdens zijn verblijf in Amerika. Met het oog op de publicatie van de bovenvermelde oeuvrecatalogus wordt vanaf dit jaar zijn architectonisch oeuvre grondig geïnventariseerd en geanalyseerd (2).

In deze eerste bijdrage over Heyvaerts architectuur ligt de nadruk op een van zijn gaafste realisaties uit de jaren vijftig, namelijk een woning te Destelbergen die hij in 1958 ontwierp voor zijn broer. Het ontstaansproces wordt gereconstrueerd met nog nooit eerder gepubliceerd archiefmateriaal, zowel tekeningen als foto's. Ook wordt deze realisatie gesitueerd aan de architectuursituatie in de jaren vijftig.

Opleiding als architect

Het boeiende bij Heyvaert is dat hij via de architectuur uiteindelijk tot de plastische kunsten is gekomen. Hij kreeg zijn opleiding als architect aan het Gentse Sint Lucasinstituut van 1944 tot 1951. Hij vatte de studies aan op 15 jarige leeftijd, wat toen gebruikelijk was gezien de zevenjarige opleiding die begon na de lagere middelbare studies. Hij behaalde zijn diploma met onderscheiding in 1951 met een ontwerp voor een "provinciaal museum", gesitueerd aan het Gentse Zuidgebied. In het archief van Sint Lucas Gent bevinden zich nog een aantal schetsen van Heyvaert. De eerste fase van de toen erg geprezen schetsmethode van de school bestond in het tekenen van de juiste verhouding van tweedimensionele figuren, onder andere diverse kruisvormen. Een schets van hem uit 1944 illustreert goed hoe de eerste principes van het tekenen met de vrije hand werden aangeleerd. Heyvaert kon zeker niet vermoeden dat de kruisvormen die hij toen tekende in zijn verder leven een tragische dimensie zouden krijgen. Zijn uiterst fragiele gezondheid was als het ware een continue "kruisweg" ; erg logisch dat de kruisvorm een centrale betekenis heeft gekregen in zijn later gerealiseerd plastisch werk. Volgens architect Cassiman, een van zijn medestudenten, was Heyvaert een erg befaamd schetser met een sterk en gevoelig observatievermogen. Dit liet hem ook toe de fysieke verschijning van personen op een snelle en trefzekere manier weer te geven in een schets. De manier waarop hij Broeder Urbain en Broeder Franciscus vereeuwigde is hiervan een sprekend bewijs.

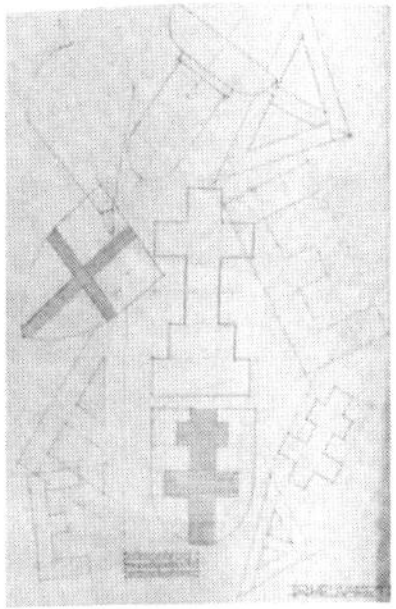

Broeder Urbain
door René Heyvaert
foto : Piet Cassiman

Schets van René Heyvaert / 1945
Academiejaar 1944-1945
tekening : archief Sint Lucas Gent

Schets van René Heyvaert
Tussen 1945 en 1947
tekening : archief Sint Lucas Gent

Een beperkt architectonisch œuvre

Het jaar na zijn afstuderen vervult hij zijn militaire dienstplicht. Tijdens de legerdienst doet hij mee aan een kleine wedstrijd met als opgave het inrichten van een militair gebouw in het toenmalige Belgisch Congo (3). Heyvaert krijgt de eerste prijs en vertrekt naar de Basis Camina om het project te realiseren. Meer informatie betreffende dit werk is nog niet gevonden. Wel is geweten dat hij in Congo een tropische ziekte kreeg die hem zijn verder leven continu fysisch zal ondermijnen.

Heyvaert profileerde zich niet als zelfstandig architect met een eigen architectenbureau. Vanaf 1955/1956 werkt hij samen met architect Olivier Nowé (1928/1968), een medestudent uit zijn studieperiode (4). In het begin van de jaren zestig vervoegt zich nog een andere studiegenoot bij het bureau, namelijk architect André Platel (°1927). Ongetwijfeld is zijn zwakke gezondheid erg bepalend geweest voor deze vorm van associatie.

Hoogstwaarschijnlijk begon de samenwerking Heyvaert en Nowé in 1955, het jaar waarin het eerste ontwerp voor woning Heyvaert te Destelbergen op papier werd gezet. Nowé's eerste belangrijke realisatie is een appartementsgebouw in Gent, gelegen aan de Princes Clementinalaan waarvoor zijn vader Henri Nowé als opdrachtgever fungeerde. De eerste bouwaanvraag dateert uit 1955 en is enkel ondertekend door Nowé. Ook op de gewijzigde plannen komt de naam Heyvaert niet voor. In dit klein appartementsgebouw introduceert Nowé een duplextype, wonen en slapen bevinden zich op twee verschillende verdiepingen. Het vertikaal organiseren van een woning in een appartementsgebouw was toen ongebruikelijk.

Als voorbeeld fungeerde zeker het Gentse hoogbouwproject van de "Oostvlaamse Huurderscoöperatie" aan de Verpleegsterstraat.

Ontworpen door architect Gaston Eysselinck (1907/1953) in 1953, en gerealiseerd na zijn dood door architect Bontinck, was dit appartementsgebouw het eerste in België waar een duplextype werd toegepast. Voor Eysselinck was Le Corbusier's Unité d'Habitation (1946-1952) te Marseille het voorbeeld. Dit nieuw hoogbouwtype werd in de jaren vijftig ook nog door andere Belgische architecten aangewend, onder andere in flatgebouwen van Léon Stynen en Willy van der Meeren.

De belangrijkste realisaties van Heyvaert en Nowé bevinden zich in Mariakerke. De familie Vanderstegen verkavelde halfweg de jaren vijftig een groot terrein rond de huidige Kleine Rijakkerstraat. De kopers van de percelen moesten zich wenden tot Nowé, familie van Vanderstegen, en Heyvaert. Het opzet van de architecten was het creëren van een modelvillawijk waar de visuele perceelsbegrenzing zo minimaal mogelijk werd benadrukt. In 1959 bouwt Nowé er zijn eigen woning ; in opdracht van Jeanne Vanderstegen bouwt men hetzelfde jaar drie identieke woningen op basis van een vierkantig grondplan. Het zijn interessante realisaties met uiterst eenvoudige planconcepten en minimale materiaaltoepassing. Deze gebouwen in Mariakerke worden hier niet verder besproken.

Woning Gilbert Heyvaert te Destelbergen

Van zijn broer krijgt René Heyvaert in 1956 de opdracht een woning te ontwerpen op een terrein gelegen aan de Goudmijnstraat (nu gedeelte van de Hellegatstraat) in de gemeente Destelbergen. Het eerste ontwerp dateert van december 1956.

Appartementsgebouw
Clementinalaan / Gent
1955 / 1957
architect Olivier Nowé
foto : Marc Dubois

Belangrijk om te vermelden is dat op de tekeningen van zowel de eerste als de tweede bouwaanvraag de stempel van het bureau Heyvaert/Nowé is aangebracht maar dat de plannen enkel zijn ondertekend door Heyvaert. Hieruit mag men afleiden, zonder honderd procent zekerheid, dat het een ontwerp is van Heyvaert en niet van Nowé. De opdracht was niet zo eenvoudig: een zo groot mogelijke woning ontwerpen voor een kinderrijk gezin en dit met minimaal budget. Een zo goedkoop mogelijke woning in de Goudmijnstraat!
Het eerste ontwerp is een langwerpig volume van 14 bij 6,7 meter en bevat twee duidelijk geprononceerde delen die op een heldere wijze de opdeling van het interieur visualiseren. In de zone met een noord oriëntatie bevinden zich de vier slaapkamers, de woonkamer, de keuken, de speelruimte voor de kinderen en de kleine badkamer zijn gericht naar het zuiden. Om financiële redenen werden keuken, toilet en badkamer gegroepeerd als een "natte blok" in het plan. Tussen de twee bovenvermelde zones bevindt zich een bakstenen wand als dragend element voor het houten dakskelet. De woning is aan de korte zijden begrensd door twee massieve bakstenen wanden; hierdoor ontstaat een sterke spannig tussen de geslotenheid van de zijgevels en de grote beglaasde oppervlakten van de langsgevels.
Een interessant onderdeel van het plan is het buitenterras dat zich binnen het bouwvolume bevindt; een oplossing die ook bij andere architecten uit die jaren voorkomt en in feite aansluit bij een aspect van de modernistische woningen uit het Interbellum, namelijk het integreren van een terras binnen de begrenzing van het bouwvolume.
Door het woonniveau 85 cm boven het maaiveld te brengen combineert Heyvaert twee erg bepalende factoren van de site. Vooreerst bekomt men een beter uitzicht vanuit het interieur op de nabijgelegen dijken van de Schelde. Tevens biedt deze oplossing een bescherming van de woning bij eventuele kleine overstromingen in dit toch erg waterrijk gebied aan de rivier. Het verhogen van de woning in functie van bovenvermelde factoren blijft bepalend in het tweede ontwerp.
In maart 1957 wordt een bouwvergunning door het gemeentebestuur afgeleverd maar wordt het ontwerp uiteindelijk toch niet gerealiseerd. Gezien de zeer beperkte financiële middelen van zijn broer kon zelfs dit zeer compact project niet worden gebouwd. Om de kostprijs nog meer te drukken besloot men om het ontwerp te herwerken zodanig dat men de woning integraal zelf kon optrekken.
Het tweede ontwerp dateert van eind 1957; in april 1958 krijgt de opdrachtgever zijn tweede bouwvergunnig. Ten opzichte van het eerste ontwerp zijn er wijzigingen aangebracht zowel op het vlak van de materiaalkeuze als op het gebied van het architectonisch concept.
Om de globale kostprijs te verminderen elimineert Heyvaert alle delen waarvoor men een beroep moest doen op een aannemer van ruwbouwwerken. In plaats van de gevels op te trekken in rode scheldesteen kiest hij, voor de wanden op de begane grond, voor Ytong, grote bouwblokken die gemakkelijk zelf te plaatsen zijn. De belangrijkste wijziging is de optie om het geheel van de bovenbouw een houten skelet te geven; bijgevolg is het ontwerp uitgetekend met een modulatie van 1,225 meter met telkens een verbindingszone van 7 centimeter. In de zone van 7 cm zijn vierkantige metalen kolommen voorzien; een oplossing die echter bij de uitvoerig achterwege werd gelaten en vervangen door een volledig houten structuur.
Foto's van de bouwfase geven een goed beeld van de eenvoudige opbouw van het houten skelet. De geprefabriseerde wanden zijn samengesteld uit houtvezelplaten. Ook in het dakgebinte werden houtvezelplaten gebruikt. De woning is opgetrokken tijdens de zomer van 1958 door de opdrachtgever met hulp van een aantal studenten.
Volgens de plannen van de bouwaanvraag bestonden de buitenwanden op de eerste verdieping uit dubbele beglazing en uit "geprofileerd thermoplastiek". In de bouwfaze werden de gevelbezetting in kunststof vervangen door asbest-cement golfplaten.
De belangrijkste wijziging in het concept is het plaatsen van het woonniveau op de eerste verdieping. Volgens de opdrachtgever gebeurde dit om een nog beter uitzicht te bekomen op de Schelde. Tijdens de bouw werden nog andere wijzigingen aangebracht ten opzichte van de plannen. De trap naar de eerste verdieping verdween uit het interieur en werd een vrijstaand volume aan de westgevel van de woning.
Er is ook een groot verschil qua planconcept tussen het eerste ontwerp en het gerealiseerde. De eerste versie bezit een uitgesproken slaap- en woonzone. In het uitgevoerd ontwerp is deze opdeling niet aanwezig, de slaapkamers bevinden zich op de drie hoeken en vormen een grotere eenheid met de woonkamer.
In het tweede ontwerp (tekening bouwaanvraag) zijn de keuken en de badkamer niet met elkaar verbonden. Tijdens de realisatie werden de keuken, de WC en de douche samen gebracht in een "natte" centrale kern in de woning. Ook de verwarmingswijze werd aangepast. De elektrische accumulatoren werden vervangen door een uiterst eenvoudig geconcipieerd warme luchtverwarming.
Dit gebouw is een van de interessantste woningen in België uit de jaren vijftig; in alle overzichtspublicaties werd dit werk van Heyvaert vergeten (5). De uiterst geringe financiële middelen bepaalden fundamenteel het eindresultaat maar anderzijds geeft deze woning ons een goed beeld van het architectonisch denken betreffende de moderne woning in die jaren. De constructiewijze, het extreem minimaal materiaalgebruik en de bijna vanzelfsprekendheid van de vormgeving geven aan deze woning haar grote intrinsieke kracht. Deze realisatie ligt in dezelfde lijn van Heyvaerts plastisch werk dat Jan Braet omschreef met de drie begrippen "armoede, toeval en vergankelijkheid". Het begrip "vergankelijkheid" van de architectuur had voor Heyvaert een concrete dimensie en was niet enkel gekoppeld aan de reële beperkingen van de middelen van zijn opdrachtgevers. Hij vertaalt tevens ook een tijdsgeest binnen het architectonisch denken op het einde van de jaren vijftig en begin van de jaren zestig. Meer en meer pleitte men ervoor om architectuur te zien als het formuleren van oplossingen waarbij men gebruik moest maken van nieuwe materialen en prefabricatie om eenvoudige woningen te bouwen tegen een zo laag mogelijke kostprijs per vierkante meter. De dimensie "levensduur" van een woning achtte men bijkomstig; het gerealiseerde moest in feite maar een generatie meegaan en bijgevolg ook even gemakkelijk te slopen zijn. Volgens de opdrachtgever beschouwde René Heyvaert dit huis als een tijdelijk onderdak, gemakkelijk afbreekbaar door de volgende generatie.

Woning Gilbert Heyvaert
Huidige toestand
foto: Marc Dubois

Eerste ontwerp woning Gilbert Heyvaert
1956 / Destelbergen
Bouwvergunning 21 maart 1957
tekening: Gemeentearchief Destelbergen

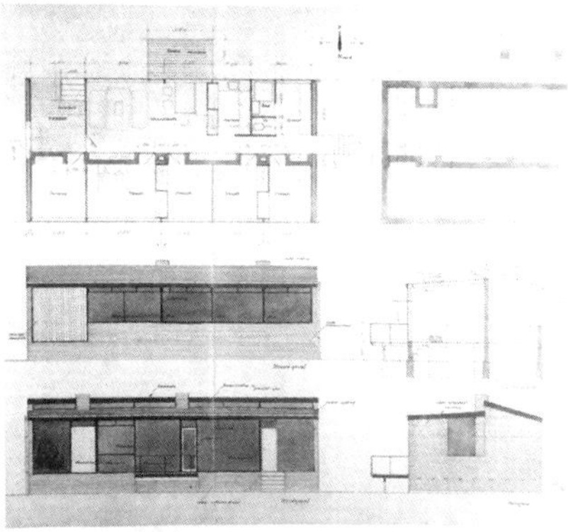

Internationale context

Qua vormgeving heeft woning Heyvaert haar wortels in de moderne architectuur. Vooreerst is er de grote fascinatie van de jonge generatie in de jaren vijftig voor een revolutionaire ontwikkeling op het gebied van de glastoepassing. Door de dubbelbeglazing werd datgene eindelijk realiseerbaar waar vorige generaties enkel konden van dromen: een volledige visuele openheid in een woning tussen interieur en de omgeving. De transparantie van de woning werd mogelijk; de mens kon het landschap laten deel uit maken van zijn beschutte ruimte.
Het Farnsworth huis uit 1950 van architect Mies van der Rohe en vooral architect Philip Johnson's eigen woning, het "Glass house", uit 1949 te New Canaan waren voor veel architecten de subleme incarnatie van de nieuwe architectuur. Het op de markt brengen van de isolerende dubbele beglazing op het einde van de jaren veertig bood nieuwe perspectieven en bepaalde op een diepgaande wijze de architectonische vormgeving (6). Woning Heyvaert is hiervan een mooi voorbeeld; met een glaswand van 10,40 meter lengte wordt het Scheldelandschap een integraal en permanent aanwezig element in het interieur.

Farnsworth House
Architect Mies van der Rohe
1945-1951

Welk Belgisch of internationaal voorbeeld nu de grootste invloed heeft gehad op Heyvaerts architectuur is moeilijk te achterhalen en ook weinig relevant. Wat zeker is gebeurd, is een meer algemene beïnvloeding via architectuurtijdschriften van toemalige recente ontwikkelingen.
Een algemene interesse vanuit Europa voor Amerika na 1945 is ook vast te stellen in diverse architectuurpublicaties. Via de tijdschriften *Domus*, *L'Architecture d'Aujourd'Hui*, *Architectural Review* en *Bauen und Wohnen* kwam de jonge Belgische generatie in kontakt onder andere met de boeiende experimenten van het Amerikaans *Case Study Programme* in de jaren '40 en '50 (7). In 1945 nam John Entenza, eigenaar en directeur van het tijdschrift *Arts and Architecture*, het initiatief een aantal modelwoningen te laten ontwerpen door talentvolle ontwerpers. Dit experiment kreeg via de internationale vakpers grote aandacht en beïnvloedde op een erg diepgaande wijze de Europese architectuur uit die jaren. Ongetwijfeld het interessantste en meest gepubliceerde is de *Case Study House nr.8*, nu beter gekend als het Eames House, een sublieme realisatie van Charles and Ray Eames uit 1945/1949. Ook *Case Study House nr.9*, het Entenza House eveneens uit 1945/1949 van de architecten Charles Eames en Eero Saarinen, werd vaak gepubliceerd in Europese tijdschriften. In de jaren vijftig gaf Entenza ook opdrachten aan o.a. de architecten Craig Elwood, Rafael Soriano, en Pierre Koenig. Koenig's *Case Study House nr.21* uit 1958 werd omschreven als: "some of the cleanest and most immaculate thinking in the development of the small contemporary house" (8). Voor velen was deze realisatie met haar centrale "natte kern" het meest uitgepuurde voorbeeld hoe een modern woonhuis er uit kon zien. Er is bijvoorbeeld een opvallende gelijkenis tussen Koenig's voorbeeld en architect Jean Van den Bogaerde's *Europese Huis* gerealiseerd in 1960 op de Internationale Jaarbeurs van Gent. Ook in de woningen van architect Willy Valcke uit de jaren vijftig is de Amerikaanse invloed duidelijk aanwijsbaar. Deze Amerikaanse invloed op de Belgische architectuur van de jaren vijftig is tot op heden nauwelijks bestudeerd, een aspect dat zeker een beter inzicht zal geven hoe het modernisme in ons land tijdens die jaren werd geassimileerd. De betekenis van de *Case Study Houses* is door Patrice Goulet goed omschreven: "La simplicité de leur volume, l'efficacité de leur système constructif, l'intensité de leur transparence en font des illustrations parfaites du "less is more" de Mies van der Rohe. Ossature métallique (si elles sont en bois, les sections y sont si minces qu'on s'y tromperait), toiture-lame en bac acier, parois et cloisons constituées de panneaux modulaires préfabriqués, vitrages à lamelles ou coulissants: elles sont la quintesssence du "concept" de la maison préfabriquée, montée à sec en quelques jours, à base de matériaux industriels où l'élégance des proportions doit coincider avec la perfection de la fabrication" (9). Woning Heyvaert te Destelbergen mag men plaatsen binnen deze algemene kontekst zonder dat men op zoek gaat naar een concreet aan te wijzen voorbeeld.

Case Study House nr.21 / 1958
Architect Pierre Koenig

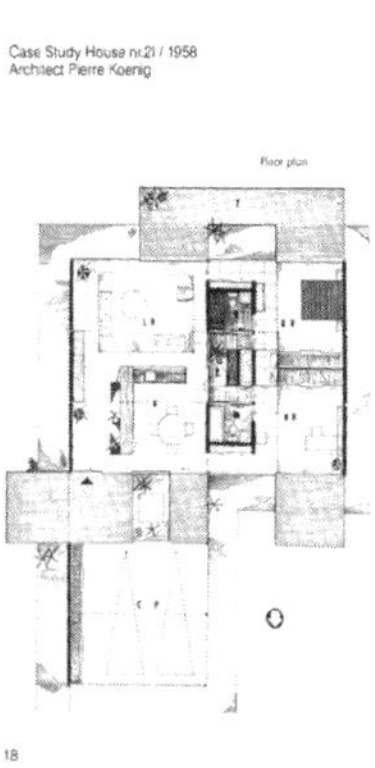

De Europese woning / 1960
Architect Jean Van den Bogaerde

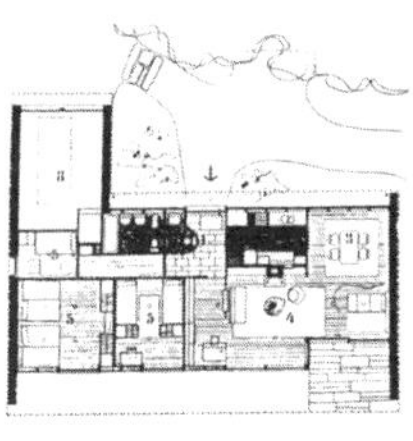

Architect Willy Valcke
Woning Valcke - 1957

Houten vakantiewoning / 1956
Architect Peter Callebaut

In de jaren vijftig is de impakt van de Skandinavische architectuur op Belgische architecten zeer groot. Via publicaties en studiereizen komt men onder de invloed van de grote figuren als Aalto en Jacobson (bijvoorbeeld bij het werk van architect Baines) maar is men ook geboeid door mogelijkheden van houtgebruik. In België wordt houttoepassing in de bouw sterk gestimuleerd door bijvoorbeeld de firma De Coene in Kortrijk. In 1956 organiseert men in Gent het eerste internationaal Salon van het Hout. Op deze manifestatie kon men een vakantiewoning bezoeken ontworpen door architect Peter Callebaut; een minimale woning met een uiterst eenvoudig planconcept (10).
Een jaar later presenteren de Internationale Jaarbeurs van Gent en het Ministerie van Economische Zaken voor de eerste maal het "Europees Huis": een houten modelwoning van architect Guchez uitgevoerd door de firma De Coene. De grote internationale en nationale belangstelling voor metaal en vooral voor hout bij het prefabriceren van woningen heeft een grote invloed gehad op het werk van Heyvaert en Nowé. De woning te Destelbergen illustreert goed het principe dat Le Corbusier reeds in de jaren twintig omschreef als "la maison à sec": een constructie waarbij metselwerk volledig wordt geëlimineerd.

Marc Dubois

Inge Vinck

Drawing for René. For Jan

43
Buckminster Fuller
Louis Kahn
I. M. Pei

OHN
MIT

OHN
MIT

UP 3
06-2006 JM

René Heyvae
e "natte cel" (

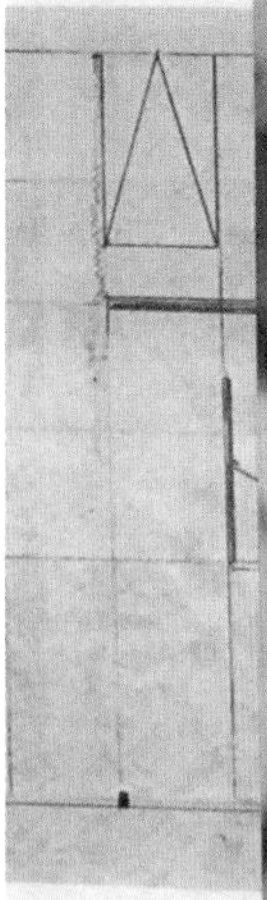

XX-1958 RH

07-2007 ND

07-2007 ND

07-2007 ND

04-2004 JM

XX-1958 RH

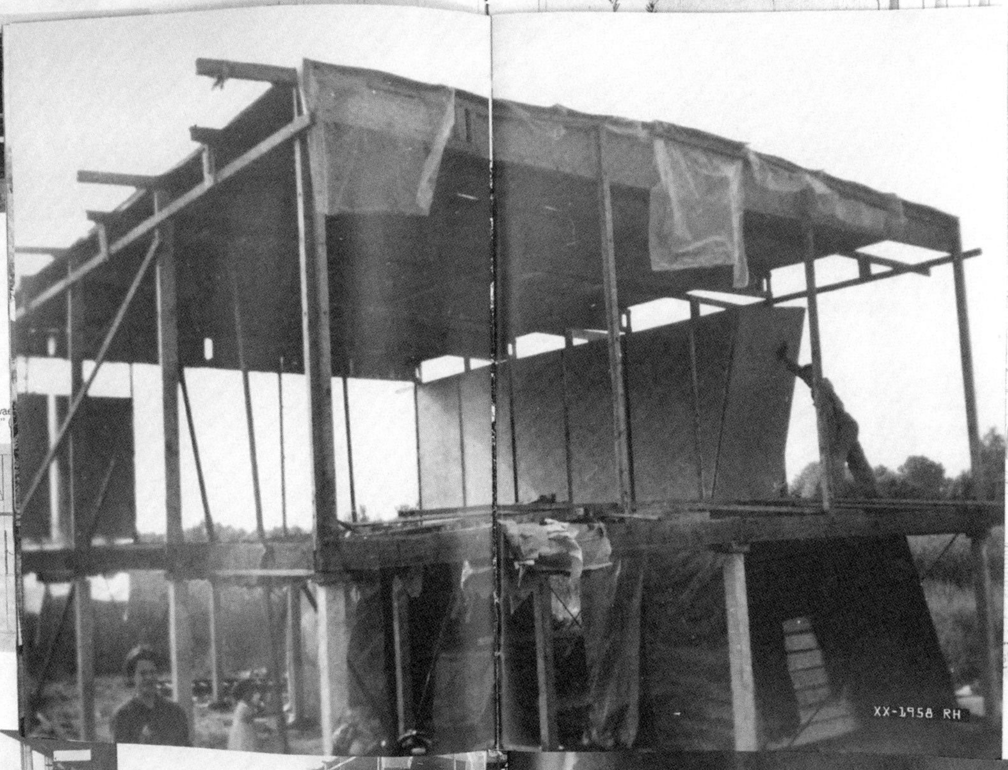
XX-1958 RH

René Heyvae
''natte cel'' (\

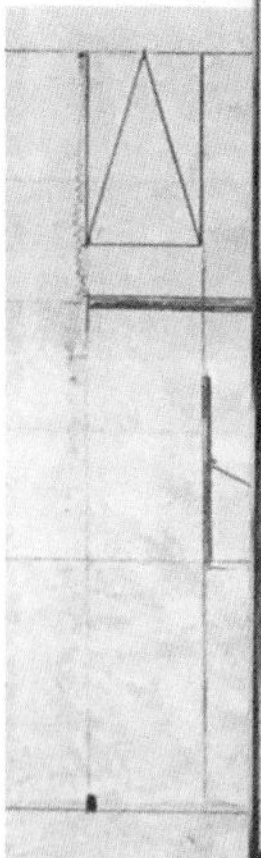

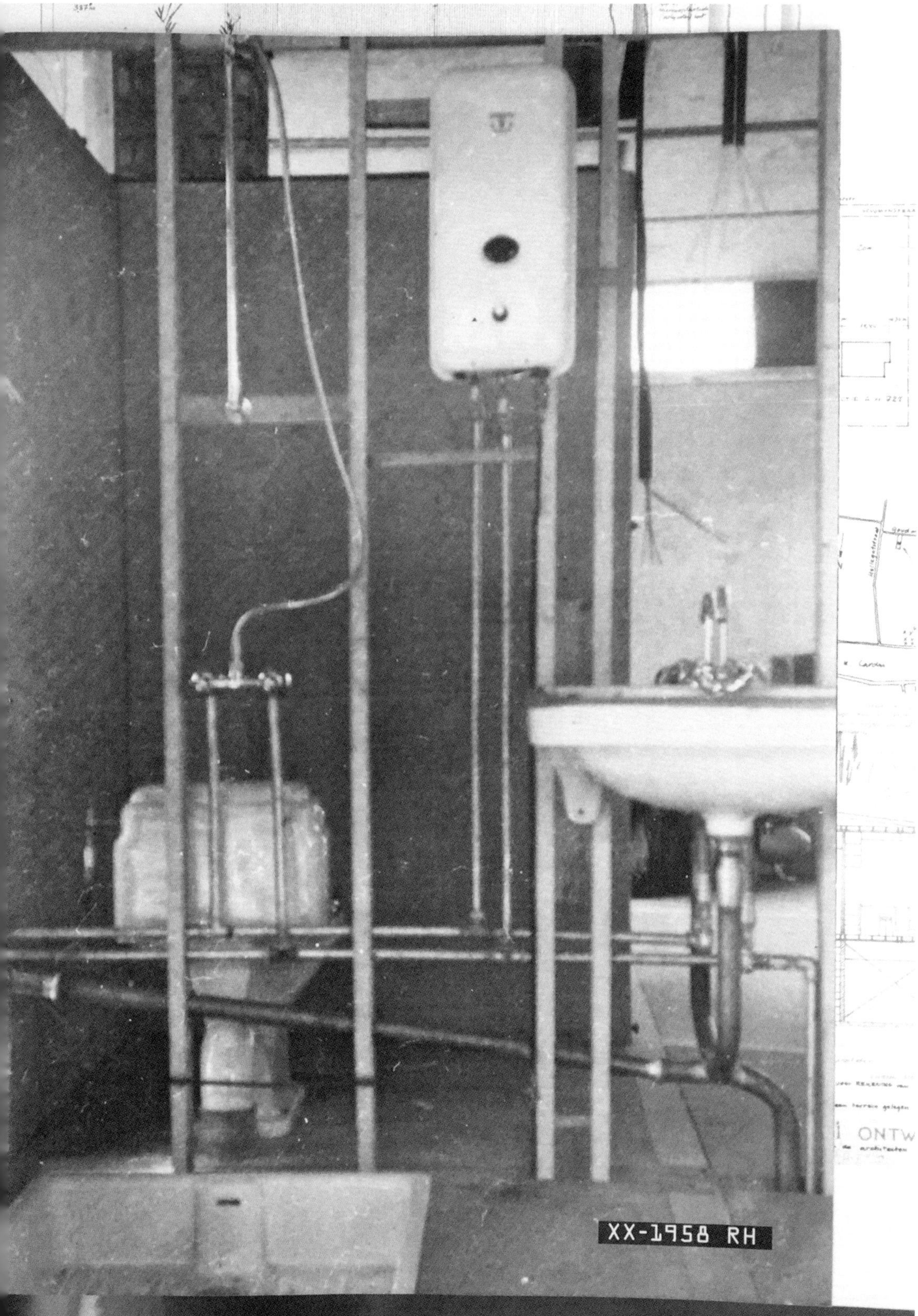
XX-1958 RH

né Heyvaer
atte cel'' (W

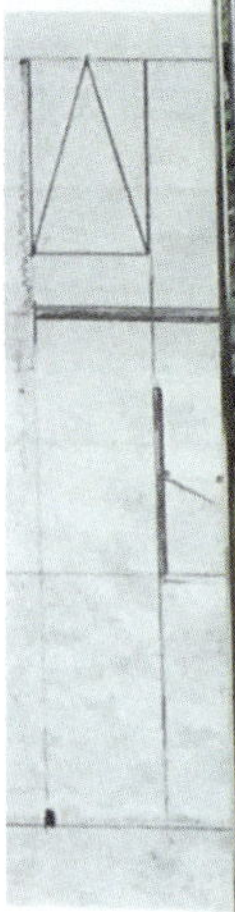

XX-2006 ND

René Heyvaer
de "natte cel"
04-2004 JM
XX-2006 ND

ené Heyvaer
'natte cel'' (V

ené Heyvaer
natte cel'' (V

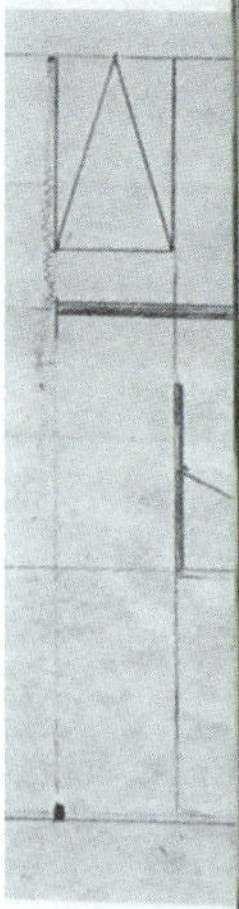

07-2007 KD

René Heyvae
''natte cel'' (
07-2007 KD
07-2007 KK
ONTWER

René Heyvae
''natte cel''
XX-1958 RH
ONTW

UP3

UP is a fanzine focusing on interesting architectures

UP3 is initiated by Koenraad Dedobbeleer (KD) & Nico Dockx (ND) & Kris Kimpe (KK) & Jan Mast (JM)

remembering René Heyvaert (RH)

this issue stars the 1957-58 architectural project by René Heyvaert in the Hellegatstraat, Destelbergen, Belgium

this issue is designed by JM with KD & ND & KK

ND & RH & JM courtesy LIGHTMACHINE.INFO

UP appears regularly with an irregular interval

produced by OLGA vzw Raymond vzw

with the kind support of cera

Maarten Delbeke

Puppeteering

It is a kind of homecoming to discover that the rural suburbs close to where you studied architecture conceal a house that embodies those principles of design and construction made famous by international icons. According to its original brief, the house René Heyvaert designed for his brother Gilbert, developed and built between 1956–1958, and renovated by Peter Swinnen in 2015, should provide maximum floor space for a small budget. Because of the limited means, it was largely self-built, with the structure erected in a single week during the summer of 1958.
As such, the house exemplifies key principles of post-war modernism: the search for a modular building system realized in cheap and standardized materials allowing for easy construction and flexible use within a limited lifespan. Similar considerations drove contemporary Belgian projects, such as the EGKS-house by Willy van der Meeren and Léon Palm (1954) and Peter Callebout's research into wood construction (1956), but also and especially international examples, the Case Study Houses in Los Angeles and the Eames House chief amongst them.[1]

Finding what appears to belong to the world of architecture in one's own backyard does not only render the iconic familiar, but also emphasizes its strangeness. When the view from the windowpanes framed by columns is not Los Angeles by night but a Flemish cornfield, some of the glamour of modern architecture dissipates. Attention moves from the crops outside to the rickety joints in the interior, the cheapness of the materials, and the fragility of the project as a whole. Architecture suddenly becomes a bit too real. Again, this reality results from experiments that are truly architectural in nature. Heyvaert considered different solutions for the load bearing system before settling on a wooden frame, and finally opting for wood fiber panels covered with corrugated sheets for the walls.
The house thus participates in the international attempts to develop new ways of building with easily available materials and techniques that could either be mastered by amateurs or standardized. At the same time, the construction of the house also resonates with the suburban and rural buildings that one encounters in its immediate surroundings. Heyvaert's quest for flexibility, resulting in numerous changes to the planning and

1. See the entry on the house in the Flemish Inventory of Built Heritage, with an extensive bibliography, at https://inventaris.onroerenderfgoed.be/erfgoedobjecten/300887, consulted 15 August 2018. At the time of the project, René Heyvaert worked in association with Olivier Nowé, but the design is Heyvaert's.

construction of the house during the building phase and over the following years, echoes the semi-improvised nature of much what is built in the Flemish countryside, ranging from converted or fake farmhouses to makeshift sheds for cattle and heavy equipment. In other words, strategies that in the context of international architecture served to challenge the rigidity and formalism of high modernism, become architectural translations of deeply embedded, non-architectural practices when they touch local soil.

All this confers upon the house the aura of a model, in the multiple meanings of the word. The project is no doubt intended as a prototype for a new form of architectural practice shaped by considerations of economy, use, and context. Indeed, one of the key distinctions between the house and the semi-improvised buildings in its surrounding area is how it optimizes the conditions provided by the generous plot and the extremely limited budget. Yet at the same time, the house remains a model precisely because it seems slightly out of kilter with its surroundings. Its strangeness makes it appear *as if* it is a house, where living can be tested and enacted on an architectural set. This impression is reinforced by the choice of building materials, which evoke cardboard as much as wood, and plastic as much as steel or concrete. The recent interventions by Peter Swinnen appear to enhance this ambiguity, treating the interior as a set of boxes each accommodating one fragment of domestic life, as in a doll's house. The building also functions as a model in the sense that it is a display of the inner workings of a house, a showroom almost. It presents a basic structure ripe for improvisation. As already mentioned, the building has undergone continuous modifications. The ground floor especially, initially largely conceived as a covered terrace, was transformed according to the changing needs of the inhabitants. But the most virtuoso act of improvisation is the external staircase, a complicated structure built by Heyvaert himself as a coda to the grid of the main volume.

As a model, House Heyvaert raises the question of the destiny of architecture when it is reduced to a set of basic principles under extreme economic strain, while remaining a physical reality rooted in its own specific circumstances. Ultimately, one does not need any reference to the state of architecture in Belgium, or the world, in 1958—the year of the Brussels' World Fair—to appreciate this project or sense the poetics of its design and construction. What the house achieves is to lift these basic acts back from the realm of architecture into a sort of pre-architectural state. As such, the project recalls the reverse engineering of history that characterizes the innumerable versions of the primitive hut produced over the course of the 18th and 19th century, with Laugier's *cabane rustique* as their best-known example. In each of these cases, the present state of architecture was projected back to an imaginary point of origin that carried within itself the seeds of all that was to come, like a boiled-down residue that can be whipped up into a tasty soup when hot water is added. But as a built project, and very much like many of these primitive huts, the Heyvaert house also positions itself at the end of that same history, as the vanishing point for all architectural ambition. At this point, the building remains open for endless tinkering, but within the confines it has established for itself: the basic elements of frame, walls, windows and roof designed and built by an architect and his brother. In these circumstances, every step away from this primitive state is a form of loss. But precisely because of that restriction, the house heralds the possibility to reinvent architecture, now from different origins and under new conditions.

Historically, Heyvaert belongs to a generation of Belgian architects who were largely forgotten in the 1980s and early 1990s. Studying architecture in Belgium in those years meant growing up without any local fathers, but with a lot of mainly Dutch and American 'uncles', and the occasional 'aunt'. In the meantime, House Heyvaert has to some extent been canonized (it is listed as a monument), together with other works by Heyvaert's contemporaries, thanks to the research of academics like Mil De Kooning or Maurizio Cohen. The recovery of this recent past allows for the reconstruction of genealogies. But it also makes sense of these periods of relative oblivion, as moments when architectural invention had to find its sustenance elsewhere.

Peter Swinnen

Beginnings

FURKA dépendance was the first architectural project I ever worked on. During the summer of 1994 I had the opportunity to work at T.O.P. Office/Luc Deleu. A student internship of sorts. To be honest, there weren't many architects that interested me. Luc Deleu had spent the past academic year[1] indoctrinating us with his one and only obsession: Le Corbusier—*everything* by Le Corbusier. Despite his unflagging attempts at collective brainwashing, Deleu intrigued me. Three years earlier, in 1991, I had witnessed the office's solo exhibition at the Antwerp Museum of Contemporary Art. The large-scale infrastructural projects on show—such as the Antwerp bridge, the Brussels TGV station, the Barcelona Towers—were simply fascinating. They were striking, not so much due to their precisely modelled physicality or their inherent propositional nature, but by the sheer fact that none of these projects were conceived for a client. The 'personalized client' was completely absent. Each program, each drawing was made for society. Society as the only client conceivable! Or as Deleu put it: 'The task of the architect is to propose common spatial infrastructures comprising all necessary amenities and enabling communities to maximize individual freedom, with a minimum planetary impact'. Architecture as a pressing ode to the earth's finite ecology.

1. Between 1981-2008 Luc Deleu taught Architectural Theory at the Sint-Lucas School of Architecture (Brussels/Ghent)

Hence, one morning in 1994, I found myself knocking at a huge Art Nouveau door. A collaborator ushered me in and sat me down at one of the many drawing tables. The atelier seemed virtually empty; no big models, no impressive drawings, no other collaborators. The lack of commissions had shrunk the office to sheer non-existence. Official introduction was skipped and I was given a pile of lime paper drawings. First job: becoming a razor blade expert overnight (cleaning sheets of tracing paper). The drawings' *cartouches* steadfastly mentioned "*Dépendance Furkapasshöhe*". After two days of confident scratching I was given an upgrade: drawing out details. No matter how I tried the idea behind the project remained completely unclear. Each time Deleu descended from his apartment he would pass by my table and dish up some Furka anecdote. Uncanny piecemeal instalments that gradually allowed me to unearth the project's ambition. I learned about the FURKART exhibitions, the unworldly art gallerist named Marc Hostettler (the project's initiator), the adjacent OMA project ('fully gorging all available budgets, leaving nothing for the dépendance'), the old hotel garage that was the *dépendance*. In the weeks ahead we continued drawing and designing: oddly proportioned Corbusian gargoyles, incomprehensible yet intriguing concrete cut-outs, tarred joints for plexiglass windows able to resist any storm. The programmatic purpose of the *dépendance* deliberately remained hazy. At best it would become an artist's residency, though it would always remain far too uncomfortable and too cold for any long-term use. By the end of the summer a 1/33 model was built and sent to FURKA. Construction could begin.

A year later—freshly graduated—I returned to T.O.P. Office. The atmosphere had changed considerably. Six collaborators this time, including prodigy architects Charlotte Geldof and Nel Janssens, as well as the unfathomable Lieven de Boeck (with whom I was to found 51N4E two years later). The whole office was working on a single auto-generated project: THE UNADAPTED CITY. Our frantic activities would be interrupted every so often by small-scale ad hoc projects, such as a container sculpture, an art competition or some urgent update of a former project. And so the FURKA *dépendance* landed on my table, again. The concrete extension/stabilization a year earlier seemed to work well. However, this time a more basic concern had struck the *dépendance*. Being situated at the highest point of the Furka Pass (alt. 2.436 m) the refuge had become the ultimate improvised outdoor toilet for Alpine passers-by. Whereas the original brief for the *dépendance* had been extremely vague ('it should just work, for whatever'), this time the abstract was hyper-concrete: 'Prevent defecation!' and 'No budget whatsoever!'. So, after a short day of study we proposed to "monumentalize" the by-pass to the rear by imagining a triangular square, tilted and built in cheap cement tiles. A quick 1/100 model was made and sent to FURKA. Construction could start (again).

In retrospect, the FURKA *dépendance* remains an extremely unpredictable project. Unclear even. Who or what is it supposed to serve? It could easily be shelved as a folly or a futile installation. However, very few architectural projects are so non-compulsory, devoid of protocol or programmatic instructions. Such generosity and indulgence are rare. A momentary suspension of disbelief. The FURKA *dépendance* is a project that is easy to recognize, yet hard to define.

Gideon Boie

One day at the Furka Zone

The Furkart project (1984 - ca. 2000) at the high mountain pass in the Swiss Alps has become a legendary reference point in contemporary art history, inspiring works by Ulay and Marina Abramovic, Daniel Buren, Per Kirkeby, Richard Long, Panamarenko and many others. Its story has also made it into architecture history, with the much praised design by OMA for the addition of a bar and terrace to the Hotel Furkablick. A day visit to the somehow overlooked creation that is the Dépendance, designed by T.O.P. office, at the Furka mountain pass, opens up an alternative understanding of the Furkart legacy today. I will argue that Furkart speaks to the imagination not so much because of its legendary origins, but more because of its strange afterlife, subverting (confusing, if you prefer) the traditional models of art and architectural production.

1
The Tourist Trap Downstairs

When asked to write a text on the Dépandance at the Furka mountain pass in the Swiss Alps, designed by T.O.P. Office (Luc Deleu and Laurette Gillemot) in the early 1990s, in the shadow of the OMA design for bar and terrace in the Hotel Furkablick, I must admit it felt like falling from the blue sky. I vaguely remembered having read something about the OMA's work and had no further cognitive associations that could help me to understand the urgency of the question. My petty excuse that I am not a historian, my work rather focuses on the political dimension of architecture, but this was countered by Peter Swinnen with the convincing argument "you really have to wake up once at that legendary spot." The spectacular setting at an elevation of 2.429 m above sea level undoubtedly convinced me to embark on the journey, as well as the good company. Later, while re-reading the chapter on the bar and terrace design for the Hotel Furkablick—originally built in 1893 and extended in 1903—in the classic OMA volume S,M,L,XL, I realise how the tourist trap is essential in the understanding the Furkart project.

The S,M,L,XL chapter title 'Worth a detour' plays exactly the same game.[1] The text by Rem Koolhaas is a rather bizarre staccato of text fragments in which every line holds meaning, but

1. Rem Koolhaas, *Worth a detour,* published in: Rem Koolhaas, *S,M,L,XL,* Monacelli Press New York 1995, pp. 127-129.

the overall message is a rather vague impressionistic sketch of something that seems to be quite important. The text starts with a note mentioning the Ulay and Marina Abramovic performance art installation and the Daniel Buren shutters. The note goes without any specification or explanation, assuming the reader just knows about it. Next, there is a very short historical sketch of the attempt by gallerist Marc Hostettler to turn the hotel into an art space. Incidentally, the text mentions that the mountain pass is open only four months a year, as if in a fairy tale. The narration of the hotel renovation process starts with the Koolhaas' arrival by helicopter. The fairy tale continues. The text ends with a short description of the design, with the new entrance funnelling visitors inside the building, opening up the view to the majestic high landscape and leading them to the bathroom downstairs.

The origin myth scripted by Rem Koolhaas leaves us with the evident question: what exactly is the reason it is worth a detour? The S,M,L,XL chapter on the Hotel Furkablick is interpreted by Sabine von Fischer, in the 'OMA, The First Decade' issue of Oase Journal, as a sign of the 'absence rather than presence' of Rem Koolhaas, and linking it with the closure of Furkart around the Millennium. In fact it was more like a slow dying out process.[2] After talking with Luc Deleu and Laurette Gillemot, I understand that the writing of a text full of blank spots can also be read not just as an allusion to but as a literal consequence of Rem Koolhaas' very loose engagement with the Furkart project. Absence dissimulated by presence. The incoherent narrative is an attempt to master the overall context, reducing the historical events to his own and diluting the involvement of other actors from the primordial scene, with everything beginning only when the architect arrives on stage by helicopter. The architect may have been absent and the overall narrative missing, but in the end, the name 'OMA' is the master signifier that sutures the field of floating meanings and directs all attention to itself.

The use of architecture as a machinery that first funnels the visitor and then opens up the view in the next sequence, is key to understanding the design. In the aforementioned Oase Journal, Sabine von Fischer put it like this: "The architectural intervention [OMA's design for a bar and terrace at Hotel Furkablick] is not meant to be looked at, but to be looked out from." Continuing with: "It is a spectacle of views, less so of functions." Also: "It is a modernist machine for viewing, where the surroundings provide the setting and the scenery, but neither the intellectual and material context."[3] All this may be true, but still the question remains: what about the weird climax of leading the visitor to the bathroom downstairs? It is perhaps the reason why the 'modernist viewing machine' was presented by Sabine von Fischer as part of an ironic strategy by Rem Koolhaas, for the wrong reason. The point is that ironic dis-identification has always been a very strong ideological tool of the exact opposite, in this case the ironic finale in the

2. Sabine von Fischer, *Intervention versus Narrative*, published in: Christophe Van Gerrewey and Véronique Patteeuw (eds.) *Oase Journal #94*, NAi010 Rotterdam, 2015, pp. 97-103.

3. Ibidem.

Peter Swinnen

Luc Deleu
Dépendance Furkapasshöhe

Filip Dujardin

August 21, 2018

GARAGE

12 km

Inge Vinck

Drawing for Luc. For Peter

Peter Swinnen

A Swiss Übung

Arte Fiera, Bologna, 1978.

Luc Deleu meets a future 'client'.

Marc Hostettler showcases his galerie Editions Média.

Nothing happens.

1982, re-encounter, documenta VII.

Hostettler: "How much does a container arch cost?"

Deleu: "No idea."

Hostettler orders two.

Big Triumphal Arch, Neuchâtel (1983)

Small Triumphal Arch, Basel (1983).

Meanwhile...

James Lee Byars prepares a show for Editions Média.

A performance, somewhere remote and lost.

Furka Passhöhe.

Between the Upper-Rhone Valley and Ursendall.

Deleu—in town, supervising container construction—strolls along.

Alt.: 2.436 meters.

Midnight, June 24th 1983.

Byars, dressed in gold, face shrouded in black cloth.

Black hat, black patent-leather shoes.

He pours perfume onto a Furka stone.

"This is a drop of black perfume, it will last forever."

The fragrance evaporates instantly.

FURKART is born.

Every Summer artists stop by, linger, create 'contextual' work.

Zaugg, Bill, Kirkeby, Deleu, Panamarenko, Fulton, Buren.

Long, Fischli & Weiss, Abramovic/Ulay, Baxter, Manz, Toroni, Kosuth.

Merz,

Parrino,

Signer,

Holzer,

Weiner,

Pacquée,

to name but a few.

Byars convinces Hostettler to buy a nearby hotel.

Hotel Furka Blick (1892).

5.000 m^3 of abandoned luxury.

Preciously dilapidated.

All of a sudden, architecture is needed.

Hotel modernization.

Hostettler urges Deleu to shortlist architectural 'stars'.

Alpine eye candy.

Botta, OMA, Eisenman, Stirling, Piano, Hejduk*, Foster, ...

Eisenman in pole position (Deleu's preference).

The New York architect visits the scene; he flees instantly.

(Too much context).

The other New York architect* visits the scene; he flees instantly.

(Too little context).

Third choice: OMA.

February 12th 1986, Marc Hostettler writes a letter to 'H.O.M.A.'

Koolhaas replies, "Dear Mr. Hofstattler, ...".

Lost in translation, and again: no result.

Deleu presists and heads for Rotterdam.

Koolhaas—predictably—remains reluctant.

Final attempt: helicopter.

Hostettler flies in the architect, Winter, endless snow.

Unmerciful setting.

Just enough drama for Koolhaas to give in.

Neuchâtel 12th February 86

"H.O.M.A."
Mr. Rem Koolhaas
Boompjes 55
NL-Rotterdam

Dear Sir,

I would like to thank you for the telephone conversation
we had 1 month ago.
Although it is somewhat late, I herewith enclose my invitation.
I hope that enclosed will give a definite idea of the
project in hand.
Although I should very much like to see you this summer
the decision, of course, is entirely yours.
I remain,

Yours sincerely

Marc Hostettler

JUL 31 '86 16:25 O.M.A. ROTTERDAM P.1

OFFICE FOR METROPOLITAN ARCHITECTURE

BOOMPJES 55 ROTTERDAM 3011XB FAX. 010 - 11.41.95 TEL. 010 - 11 12 16

jeudi 31 juillet 1986

Marc Hofstattler
Hotel Furckablick
6491 Furcapass Höhe
Suisse

Chér Marc at collègues,

Madelon (ma femme) est devenu malade. Je dois prendre soin
d'elle et enfants. C'est donc impossible de venir a vortre
rêunion. Três Desolê.
M'interesse toujours beaucoup au projet.
Vous souhaite bonne chance,
au revoir 30/31 aout.

Rem Koolhaas

Rem Koolhaas

Refurbishment of Hotel Furka Blick, OMA (1987-91).

'Mixing Chamber' for sweaty cyclists and skulking artists.

Pleasant architectural distractions.

Rorschach toilets, perforated sheetrock,

picturesque 'mini-tunnel' entrance...

...and Jérome; the robot-waiter.

(Always broken).

Parallel to OMA Hostettler re-activates Deleu.

This time as architect.

Ten servant's rooms, two garages.

An orphaned dépendance.

It belonged to the 'other' hotel, HOTEL FURKA.

500 m West of Hotel Furka Blick.

Queen Victoria was once a guest (Summer 1868).

Diary entry: Room temperature 5.5 °C!

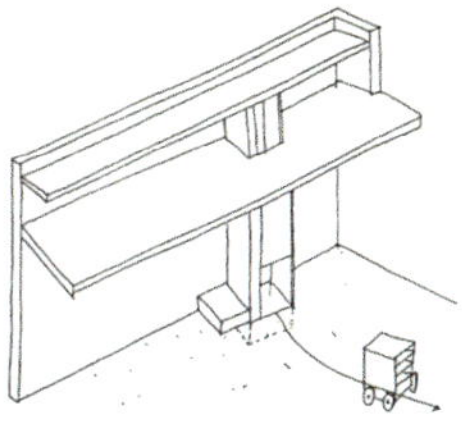

sketch of "robot"

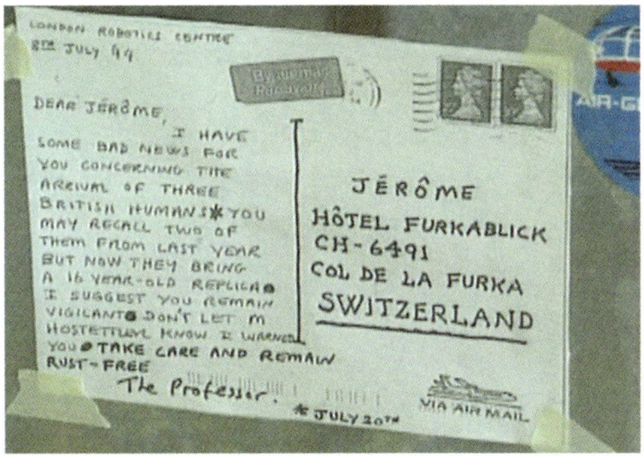

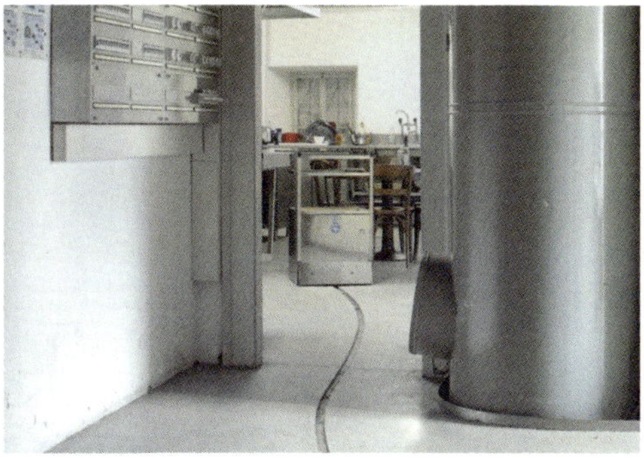

Exactly one hundred years later HOTEL FURKA crashes into the valley.

(With a little help from the Swiss Army Infantry).

Final public appearance: Goldfinger, James Bond.

The infamous Furka car chase (1964).

First T.O.P. Office sketch.

From dépendance to autarkic structure (1987).

Fundamental disapproval by Koolhaas.

Eco avant-gardism?

“Project lacks a fourth dimension...”

Imposed architectural hibernation.

Second attempt (1992).

Concrete anti-avalanche fortification.

‘Furka momentum’ lacking.

No more budget available.

Summer of 1994, final dépendance sketch.

(I just enrolled at T.O.P. Office, internship).

(Unaware of FURKART).

(Unaware of architecture all together).

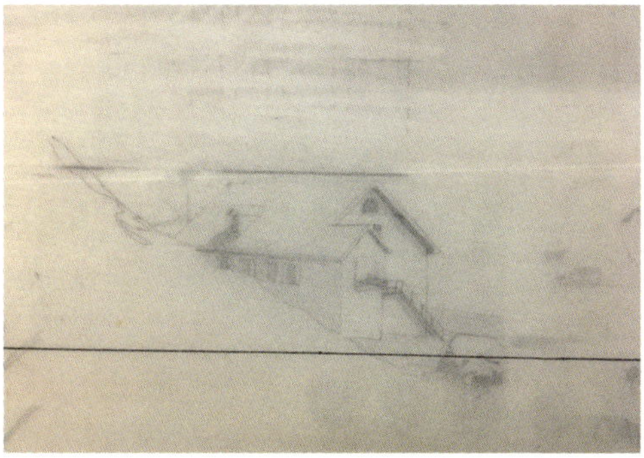

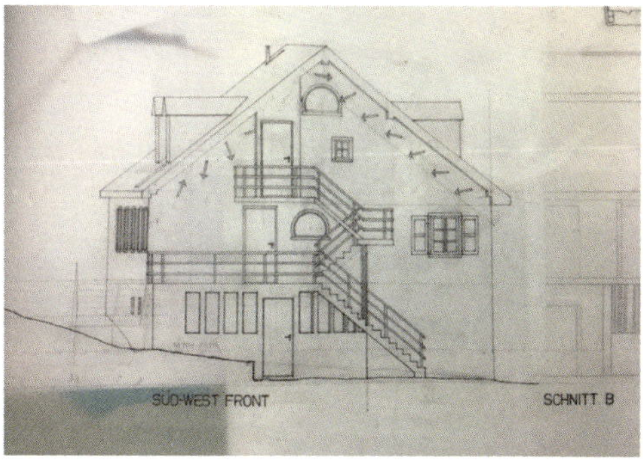
SÜD-WEST FRONT
SCHNITT B

DEPENDANCE
AUTO-GARAGE
FAÇADE SUD

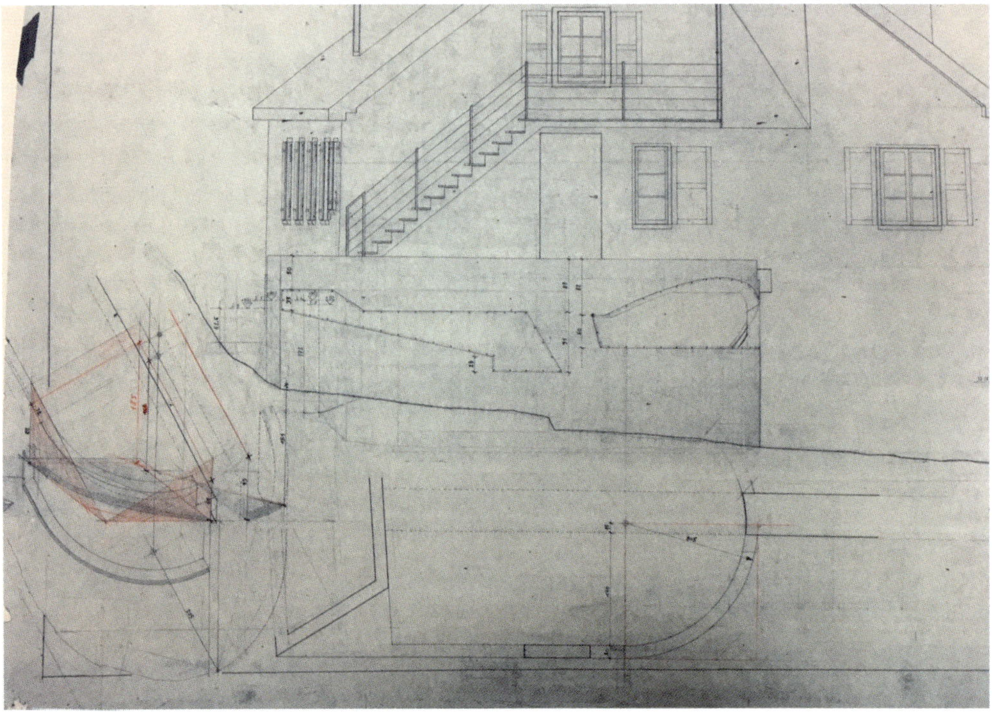

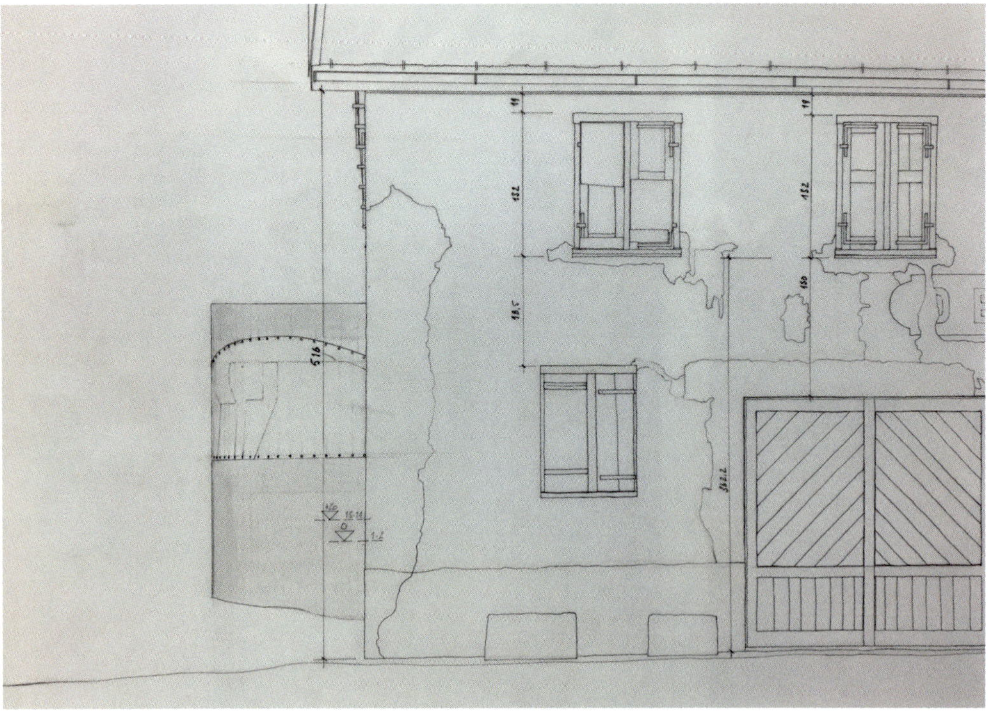

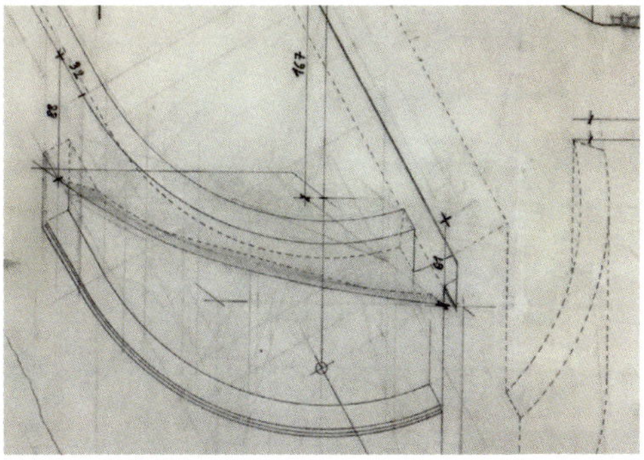

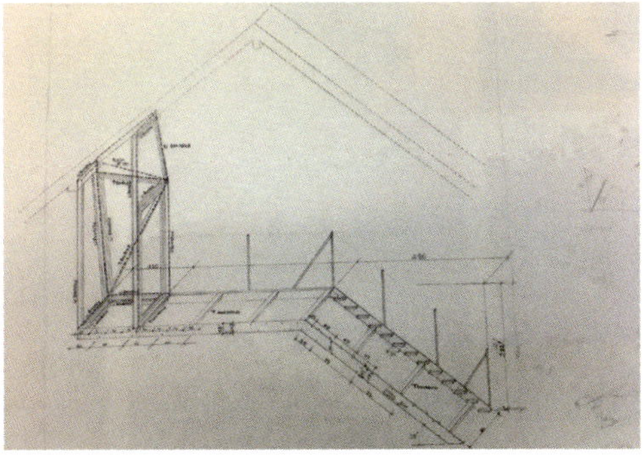

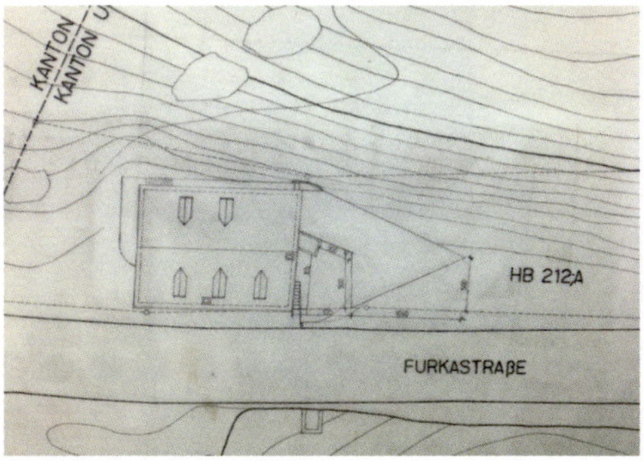
KANTON
KANTON U
HB 212;A
FURKASTRAßE

Deleu's model making brief:

- bricolage meets sculptural non-programmatic space
- steel work as if it had been built by a Swiss farmer
- pure architectural aesthetics
- 1/33
- examine Le Corbusier's Chandigarh, deep and incessant

No further conceptual explanation available.

Or needed.

Swiss-effective construction site (1995).

As expected.

August 1996, on my way-through to Monza.

I stop, gaze.

The dépendance extension is a huge 'success'.

Furka tourists' favorite open air urinal.

AUTO-GARAGE

A new 'architectural' commission seems imminent.

Discouraging faecal prowlers.

We propose to monumentalize the access.

A triangular plaza, tilted, cement tiles (again: no budget).

It works.

For a brief moment.

Hostettler skips one Furka Summer, two Furka Summers, ...

Hotel Furka Blick closes up (1998).

FURKART dies, ibid.

Hostettler never returns.

Afterlife 1.

Panamarenko buys the dépendance (2000).

A Summer atelier.

His 'Hofraum'.

Panamarenko
oltaic Converter

Afterlife 2.

Alfred Richterich buys Hotel Furka Blick (2003).

He installs 'cultural janitors'.

Each year Janis Osolin and Huang Qi move up to the pass, for three months.

Treasure keeping.

Archival curating.

Renovating where necessary.

Letting go where needed.

A perennial *mise en valeur*.

Finally, allowing Furka.

August 19-20, 2018
Room 18, Hotel Furka Blick

18

bathroom reveals that the architectural design is instrumental to the creation of an art industry in the Swiss Alps. In short, there is no Furka experience outside the OMA design, even when you are trapped in the bathroom.

2

Detour from the Detour

The reason for our trip to Furka is not the OMA extension to the Hotel Furkablick, but the Dépendance designed by T.O.P. Office. The Dépendance is a small building positioned right on the border between the Valais and Uri cantons, only 650 meters up the road from the hotel. It used to act as temporary housing for the staff at the Furka Hotel (built around 1850, demolished in 1982) on the other side of the road, and as an automobile repair shop. In 1983, Gallerist Marc Hostettler bought both the Hotel Furkablick and the Dépendance from the Müller family, who for generations has been running hotels at more accessible locations in the Furka valley. It is striking that the design by T.O.P. Office for the Dépendance is something that has gone unnoticed in most writings on Furkart, not even earning a footnote in the reflections on the OMA work at the Hotel Furkablick. Given the one-sided focus on OMA, the article by Marc Dubois in S/AM (1992) can only be read as an attempt to script an inclusive architecture history of Furkart.[4] The article presents the design for the Dépendance by T.O.P. Office next to the OMA design for the Furkablick hotel, suggesting it understands the two buildings as Siamese twins.

Actually the S/AM had published an intermediate design for the Dépendance by T.O.P. office. The first design was for the addition of an autonomous, self-supporting façade to the existing building. As the walls are not set straight, the extra façade would open up a crack, where gas tanks and electricity generators could be stored. The design was rejected by Marc Hostettler, who considered the self-supporting façade too high an expense. Now, visiting the Dépendance more than twenty years later, Luc Deleu smiles cynically: "Marc Hostettler preferred to connect the Dépendance with an electricity cable from the Hotel Furkablick and he has been digging in the rocks a whole summer long." Luc Deleu confesses that Marc Hostettler had no real vision on architecture and directed him to Panamarenko and Rem Koolhaas. Luc Deleu smiles: "I thought: well, what does Panamarenko have to say about architecture?" Rem Koolhaas criticized the design for the Dépendance, arguing that the fourth dimension was missing. When I ask what exactly the fourth dimension refers to, Luc Deleu reacts: "Nothing, it is saying something just to say something. Anyhow, the design finally got replaced by something more poetic, purely formal, in concrete as it is more plastic than a wooden construction."

The concrete extension at the left façade with cut-out windows is the most visible intervention at the Dépendance, respecting the existing structure as much as possible. An

4. Marc Dubois, *Furkablick: OMA en Luc Deleu*, published in: S/AM #92/2-3, Stichting Architectuurmuseum, Gent, pp. 12-21.

outdoor metal staircase is added to the façade, creating a second circulation system and making the attic directly accessible. The covering of the staircase was never realised. On the opposite façade, a concrete brick slope is added, gradually leading up to the back of the building and actually functioning as the start of the hiking route. A small concrete roof is added to a technical side room. Art works are added on the façades, such as the 'Windline over the Furka Pass' (1989) by Richard Long and also the 'Empreintes de pinceau no. 50 répétées à intervalles réguliers (30cm)' (1990) by Niele Toroni. Standing in front of the building, Luc Deleu shrugs his shoulders: "Well, it still looks the same." Continuing to express his admiration for the modest construction: "A building that has patina does not change anymore. I mean, you don't see the changes anymore." Turning to Peter Swinnen: "The addition of the slab and slope is still a good idea."

In an attempt to reconstruct the record of architectural interventions in the Furkart timeline, while sitting at the dinner table, architecture history appears to be just as confused as the family and love relations in a Greek myth.[5] First it is claimed that the date, 1991 as mentioned in the S,M,L,XL chapter on Furkablick Hotel, was an adjustment to present the OMA project as being born first. The second claim is the alleged disinterest of Rem Koolhaas, with the helicopter flight organised by Marc Hostettler as a desperate attempt to have Koolhaas on the job. The latter was "somehow forced to get on the helicopter", says Luc Deleu, and still he wanted to leave as soon as possible as the hotel size perhaps did not fit with the grand project OMA was looking for in that period of "Bigness".[6]

Peter Swinnen suggests an alternative history based on three different subject positions of Luc Deleu within the Furkart project.[7] The most evident contribution is the design for the Dépendance by Luc Deleu, the architect. Prior to it, Luc Deleu was involved in talks with Marc Hostettler about his (rather exacerbated) ambition to organise a CIAM-like symposium at the Furka Pass. The names of John Hejduk, Peter Eisenman, Mario Botta, Rem Koolhaas, and others were suggested by Luc Deleu, the mediator. However, originally Marc Hostettler was only dealing with Luc Deleu, the artist. The gallery owner had commissioned Deleu's triumphal arches built with typical freight containers around 1983 on the lake of Neuchâtel. It was the same year that James Lee Byars, supposedly inspired by the car chase in the James Bond movie, Goldfinger, proposed to Marc Hostettler to do the 'A drop of Black Perfume' (1983) performance at Furka Pass and thus provided the earliest conception of what would be named later Furkart.[8]

3
Enter the Afterlife

Apart from its spectacular views, the addition of the bar and terrace to the Hotel Furkablick, designed by OMA, certainly has a few practical

5. Peter Swinnen, *A Swiss Übung*, included in this book.

6. Rem Koolhaas, *Bigness or the Problem of the Large* (1994), published in: Rem Koolhaas, *S,M,L,XL*, Monacelli Press New York 1995, pp. 515.

7. Peter Swinnen, *A Swiss Übung*, included in this book.

8. Ziggurat special on Furkart, produced by Annie Declerck and directed by Karel Schoetens for the Belgian television network TV1, broadcasted in 1994.

advantages for tourists: you can have a good expresso while doing field work in the mountains, and, perhaps most importantly, use the bathroom. In contrast, the Dépendance, designed by T.O.P. office, stands idle down the road. It is a mute object, a dot on the horizon negative to people cruising along in their fancy car—the perfect 'modernist viewing machine' if ever there was one.[9] It is clear that the building has nothing to offer, not even a public bathroom. This leads people to use the back of the building for a discrete toilet break. The informal use of the Dépendance as toilet stop for tourists urges us to shift attention from conception to consumption of the small building.

It remains unclear whether the Dépendance has actually been used for the intended use of artist residency. According to Luc Deleu, only two artists have ever made it to sleep here, as the weather conditions are too extreme at the mountain pass and the interior services are kept to the bare minimum. Panamarenko was one of them. "He was a tough one and knew how to survive in these harsh conditions," says Deleu. For years, Panamarenko used the space as a summer retreat and workplace. This meant that the function of the Dépendance was re-conceptualised as a "total object", a word play with the idea of a 'total work of art', a *Gesamtkunstwerk*, "where rooms are used to hang residues of art work or for artists to exhibit something."[10] Panamarenko actually bought the Dépendance in 2004, after the Furkart project wound down around the Millennium.

Of particular interest is the actual use of the Dépendance today. As Panamarenko is ageing and suffers health issues, the building is once more abandoned. The door is opened by Janis Osolin—we will discuss his role later. In the garage we find pieces of plastic shutters used in wintertime, which starts around September and continues until May, i.e. the full period when the pass is under snow. Improvised curtains hang on the inside, seemingly as sunscreen and/or to avoid passers-by gazing in. There is a curved wall, creating a sort of counter. Luc Deleu describes it as a strategy inspired by Le Corbusier to "suggest something that is not there". In the atelier, which appears rather empty, we find a tool box in a wheelbarrow full of brand new, almost unused equipment, such as drilling machines, paint mixers and the like. Luc Deleu grasps a bright new docking saw and says: "This is Panamarenko, when starting a new work he always bought new equipment."

Under the attic we find Panamarenko's living rooms, again looking as if life has suddenly been sucked from them. The hand of the architect is not particularly visible in the interior. Luc Deleu says: "The idea was that we need at least one big open space in the building." Its subdivision into eight sleeping rooms has been taken away. Particularly striking is the informal arrangement of furniture, equipment, food, paraphernalia and rummage set by Panamarenko. The utter chaos is strictly organised in several corners of the room, radiating a divine peace of which only the artist

9. Paul Virillio, *L'Horizon Negative*, Editions Galilée, Paris 1984.

10. Ziggurat special on Furkart, produced by Annie Declerck and directed by Karel Schoetens for the Belgian television network TV1, broadcasted in 1994.

knew the internal logic. The bread is covered with aluminium folio. The Coca-Cola bottles stand in lines. Books are put on show while standing on the floor. North arrows are drawn on the floor and walls. Laurette Gillemot confirms: "Panamarenko knew full well that everything he did or said was captured by the eagerly observant art scene."

Our company explores the household with the guilty feeling of an intruder who knows that Panamarenko could enter at any moment, with his typical provocative idiocy. Suddenly Luc Deleu and Laurette Gillemot gaze at a white table serving as a worktable, full of scratches, notes, stains, and dirt. When Jan De Vylder and Inge Vinck enter the room, they gaze at exactly the same table. It appears to be an original white table by Ann Demeulemeester, a gift to Panamarenko when receiving the prestigious culture prize from the Flemish Community in 1998. We speculate how the naked use of art, reducing all vanity, will soon become the ultimate surplus value, making the white table part of the artist's life story is perhaps the perfect fictive investment the art market thrives upon. It reminds us of what happened with the atelier of Panamarenko at the Biekorf in Antwerp, donated to the contemporary fine arts museum MuHKA and now curated as a holy shrine, with the public standing in long lines to pay a visit in small groups. Luc Deleu quotes Panamarenko: "when the [conservation] work is done, you can close the door and throw away the key"—knowing full well that even this act of self-subtraction will increase attention.

4

The Man Who Puts in Value

While the closed shutters of the Dépendance make clear that nothing happens on the inside, all sorts of interventions refer to the fact that the building is still in good condition. Apart from the two gigantic steel tubes in the back of the building, installed as if they have come tumbling down the mountain, discouraging toilet breaks, the clean atmosphere is striking, with the grass cut neatly around the slope, rendering the sharp corners of the concrete brick slope visible. Some of the shutters have been renovated or replaced by new ones. Colour tests are performed on the black arrow art work by Richard Long, it is a prospective work without any precise reason, carried out just in case it is ever needed. Here enters Janis Osolin again, director of the publishing house Edition Voldemeer and in charge of the Furkablick Institute, who happens to take care of the whole mountain pass area, including the Dépendance. It seems that the afterlife situation of the Dépandance is, after all, a pars pro toto for the current stage in the Furkart history.

Janis Osolin was asked by art collector Alfred Richterich to watch over the legacy of Furkart. After supporting the Furkart project for years, Alfred Richterich bought all the remains in 2004, more specifically the Furkablick Hotel, its contents and its environs. The Furkablick Institute was born. The challenge is not to re-start Furkart, but to protect its heritage and memory. This includes the conservation of the art collection, the classification of the immense archive, the organisation of the library, the compilation of a manual, the management of the Furkablick bar, and more. Strangely enough the practice lacks any institutional character, except for its name. There is no (business) plan, no defined goal, no target groups, no numbers to reach, no PR, the art works are not even mentioned in tourist brochures.

The *mise-en-valeur* is a new function that Janis Osolin has invented for himself in the conservation of the Furkart heritage. The Furkablick Institute distributes an orientation map with timelines that continue after 2004, adding new dates to the *mise en valeur* of many works. It refers to the restoration and reinstallation of art works produced in the past decade, somewhere in an empty hotel room, in the surrounding fields or in the buildings.[11] This means that, for example, the shutter works 'Sans Titre' by Daniel Buren appears on the timeline twice: first when produced in 1987-1989, and secondly as *mise-en-valeur* from 2013 to the present day. The *mise-en-valeur* is a strange variation to Boris Groys' conception of the curator as the master-artist, in this case creating added value in the re-installation of the artwork.[12] Over years of commitment to "analysing history and reflecting upon any decision taken", wrote Benoit Antille, "he managed to impose his rules and style with regard to caretaking the [Furkart] heritage."[13]

Evidently care is much needed to keep intact the art interventions on site. Janis Osolin leads me to the Max Bill fireplace (1994), located in exactly the spot where the old Furka Hotel (demolition 1977) used to stand, and functioning today as a rest place for cyclists. He explains to me that cutting the flowers is important to accentuate the abstract form of the black granite stone blocks. Nearby stands the work 'Furkapasshöhe' (1986) by Per Kirkeby, a head-height hollow column in brick, at the highest point of the pass, overlooking the valley. Again, the grass here is neatly cut, and now and then inscriptions are brushed away. The issue is not so much the landscaping, but the question of the extent to which nature may take over these artworks. Janis Osolin maintains that taking care in this way makes the tourists pay more respect to the works, often voluntarily taking their rubbish with them.

The caretaking extends to the spatial setting at the Furka pass. Suddenly it becomes clear that wherever I look, stones have been placed deliberately to stop cars from driving all over, the grass is cut to accentuate a certain line in the field, the gravel is laid to finish the road infrastructure. Janis' idea is that the introduction of 'desire lines' in the landscape unconsciously directs the movement of visitors to the Furka Pass. While we stand there looking at stones set in a straight line, with the grass cut neatly, something resembling an old mountain path, a couple of campers fold their tent to continue on with their journey. Strangely

11. Furka Zone orientation map, published by: Institut Furkablick, Alfred Richterich Stiftung, Edition Voldemeer Zürich, June 2018.

12. Boris Groys, *Art Power*, MIT Press, Cambridge (Massachusetts) 2008.

13. Benoit Antille, *The Removal of Context: a methodological statement?* Published in: *Creative Villages? #3*, École Cantonale d'art du Valais, February 2017, pp. 3-7.

enough the tent was set in line facing the imaginary mountain path. In talking about the 'Furka Zone', Janis Osolin takes his engagement beyond the sphere of art, protecting the site by setting an atmosphere. Even the double demarcation sign between the Uri and Valais canton, the old elegant one strangely doubled with a new 'postmodern' version, is squared by side stones and given a platform using gravel.

5
The Zero Point of Art

In 2018 the Furkablick Institute is hosting two artists-in-residence from Colombia. One of them is Christina Consuegra, an anthropologist researching the relationship between the landscape and cheese culture. We meet in the underground kitchen of the Furkablick Hotel, where the dysfunctional kitchen robot of OMA is turned into a support for cooking plates. Christina Consuegra opens a trap door to the storage cellar. In its centre stands a cupboard filled with artisanal cheeses, each made using different ingredients and demanding specific treatments. I stand perplexed, not only by how a Colombian can acquire such a deep knowledge of the different fermenting processes of Swiss cheese, but also upon seeing the cellar turned into a *Wunderkammer* devoted to cheese, mimicking the other hotel rooms packed full of wonderful art objects, vintage furniture and household goods.

Leaving the kitchen, we look at 'Le début du paysage—Col de la Furka' (1986) by Paul-Armand Gette, a glass door with '0 m' inscription. It reminds me of Friedrich Nietzsche's words that the Swiss people have no history because there is no way for the farmer to have a look at the other side of the mountain ridge.[14] Today, in the artist residency, Nietzsche's story is inverted. The storage cellar clearly functions as a retreat, where the artist somehow escapes the heavy weight of the Furkart history and produces meaningful new work. Artist Liliana Sánchez has also found a work space in the old lodging for hotel staff, where rooms are packed with mattresses and bed pans, using the empty floor of the living room to make one of her huge drawings reflecting the natural landscape of Furka.

Liliana Sánchez takes me on a tour. We pass through the military camps, which Janis Osolin described earlier as *Gesamtkunstwerk*, imagining the middle building away in order to recreate the training ground. In line with the military barracks stands building 'N° 10', a wooden barn that contrasts the rhythm of the military camp. N° 10 is covered with an exceptional roof, a quality one would expect to find in an old chalet or mountain chapel. Inside the barn, every three hours an installation of sixteen speakers and microphones play the 'Requiem Aeternam' (2009), a work by Stefan Sulzer, sung by the monks of the Einsiedeln monastery. The installation perhaps best symbolises how the Furka Zone seems to cultivate confidentiality, leaving the daily stream of tourists to pass by while the monks start their

14. Read the preface in: Friedrich Nietzsche, *Untimely Meditations*, Second Part: On the use and disadvantage of history for life, originally published in 1874.

song over and over again behind the closed door.

In the garage of the former lodging for the Hotel Furkablick staff, hangs the artwork 'Ohne Titel' (1988) by Rémy Zaugg. Again the door is closed at all times. Liliana Sánchez carries an impressive keychain. The work is a huge white square, oil on canvas, produced in an open air mountain field, now anchored on the wall of an empty garage, hanging on a system that looks as if it has to survive eternity. The white paint is full of *craquelure* creating an image that could easily be mistaken for an intentional depiction of the mountain landscape. Its *mise-en-valeur* is listed in the time line of the Furkablick Institute orientation map and dated 2012.

A stone's throw away stands another small barn in the field, used for the installation of two artworks within. On the door hangs a tiny metal plate with the inscription 'Alfred Richterich Stitung / Institut Furkablick'. Liliana Sánchez searches the enormous keychain, but this time she does not find the right key. She interprets the closed door as a critical metaphor: "You have to dig into the Furka Zone. [...] Furkart is a private privilege, a history accessible only to initiates." Paradoxically the Furka Zone is open for everyone while at the same time being a closed, symbolic universe that needs not only the right door key, but the right guide to point one in the right direction, providing reading tips, contextual introduction, and so forth.

Continuing our walk, we pass the Furka Pass Cemetery (2007), a square form in a curve along the road. It looks like the foundations for something that was never built, but could equally be an unused crib, filled with beautiful flowers and weeds. Hidden in the green lies the *Gedenkbarren fur Leigh Markopoulos* (2017), a commemoration put by Kate Fowle and Janis Osolin. In an attempt to see the grazing Valais Blacknose close up, we climb. Taking a rest on an high elevated rock formation, overlooking the Hotel Furkablick, the military camp and the road winding up to the Dépendance, the valley opening onto the horizon, Liliana Sánchez confronts me with the fundamental question of the Furkart legacy today: "What is the minimum level needed to keep going, the minimum level to make sense, the minimum to sustain itself, the minimum to relate with the public?"

6
Epilogue

Many texts on Furkart are written as an abstract out-of-time reflection, perhaps knee-deep in the hagiographic tradition. One cannot write about the OMA Hotel Furkablick design as if we are still in the 1990s. Including the T.O.P. Office design for the Dépendance in architecture history without opening up the scope to the changing framework of Furkart into the Furkablick Institute would fall into the same trap. Gallerist Marc Hostettler has left the stage and with him the idea of attracting the public with art and architecture produced by big stars and using the Furka landscape as a majestic backdrop. Today, the maintenance of the artworks has itself become a work of art. The great artworks are kept in immaculate condition, living an (almost) invisible existence, an immortalized body allowing the tourists to enjoy the exceptional mountain site.

The role of Janis Osolin as the one who 'puts in value', backed by the investment of *spiritus rector* Alfred Richterich, certainly shows great respect to the Furkart legacy but, equally, it marks a rupture with the past. My question '*mise-en-valeur* for whom?' was answered poetically by Janis Osolin: "Momentary visits is the possibility of the Furka Zone and that is the element we protect." It is difficult today to understand why one would invest financial and human resources simply to generate momentary visits. In any case, the so-called Furka Zone opens up a "rare opportunity to think in total opposition to the art market's obsession with visibility, accessibility, and return on investment."[15] For the moment I conclude that the Furka Zone is but a private collection of great art and architecture that happens to be located on a high mountain pass in the Swiss Alps, accessible only four months a year.

While taking a rest in the Furkablick bar, Luc Deleu finds a postcard with an image of Panamarenko's *Green Rucksack Flight Test* (1987) performance. When I describe the performance as a pose, Luc Deleu reacts furiously "No, it is not a fantasy, it is real." He tells an anecdote. Apparently Panamarenko wanted to use a real motor block in the performance and showed a catalogue to Marc Hostettler, indicating a very specific type. Marc Hostettler considered the price far too high and offered to buy a second hand model. As Panamarenko refused stubbornly, Marc Hostettler gave in and bought a brand new motor block. When the motor block arrived at Furka, Panamarenko was as proud as a child, but said: 'it [the motor block] is too heavy', so he took a metal saw and cut away the cooling fins, arguing 'these are not really functional.' While I think of how to construct an argument that defines the whole Furka Zone as the architectural counterpart to the green rucksack flight test, an extremely serious fantasy space, a heterotopia, Luc Deleu continues his story undisturbed: "Panamarenko wanted to build the green rucksack in Furka only, because he believed that if the rucksack could fly in Furka, it would be able to fly anywhere."

15. Ibidem

universum
carrousel
journey

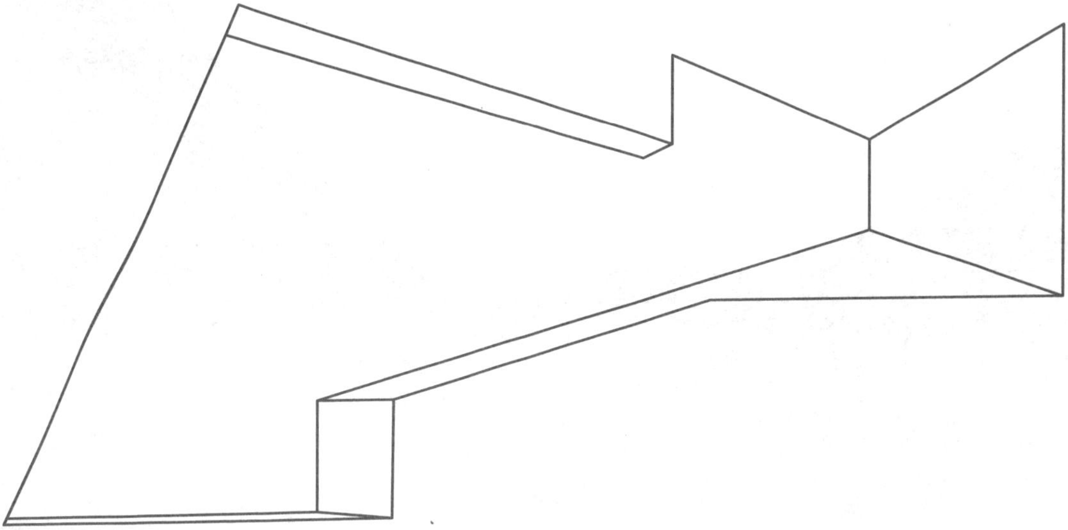

carrousel
confessions
confusion

Peter Swinnen

Luc Deleu
Dépendance Furkapasshöhe

Studio Jan De Vylder
ETH Zürich D-ARCH

Koenig Books, London

Arno Brandlhuber

Confession

M 1 1922

M 1 **Kath. Kirche Peter und Paul, Dettingen,** Luitpoldstraße
Arch. Dominikus Böhm † mit Martin Weber †
Kirche aus rotem Bruchsandstein. Galt åls 1. moderne Kirche.

Lieber Arno,
jetzt ist alles klar: dir
wurde die große Architektur
mit dem Heiligen Geist
eingehaucht.

Niko

DER SPIEGEL

23. DEZEMBER 1953 • 1 DM
ERSCHEINT JEDEN MITTWO
VERLAGSORT HAMBURG

VII. JAHRGANG NR. 52

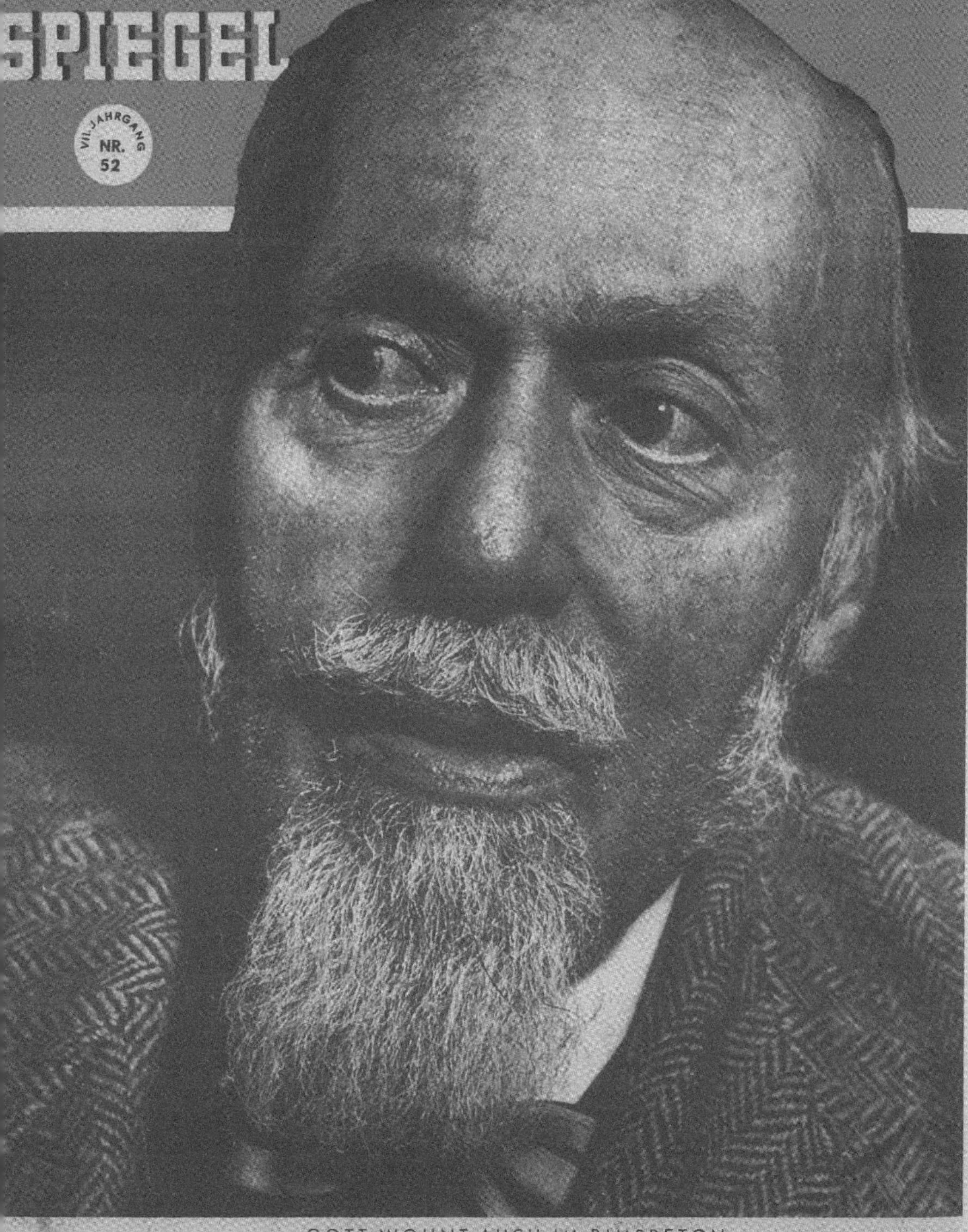

GOTT WOHNT AUCH IM BIMSBETON

Zwischen Gotik und Kubismus: Kirchenbaumeister Böhm (siehe „Architektur")

Arno Brandlhuber

Dominikus Böhm
St. Peter and Paul Church

s 1 / z 3

Filip Dujardin

September 24, 2018

JESUS FÄLLT ZUM 3. MAL

Simon von Cyrene hilft Jesus das Kreuz tragen

Inge Vinck

Drawing for Dominikus. For Arno

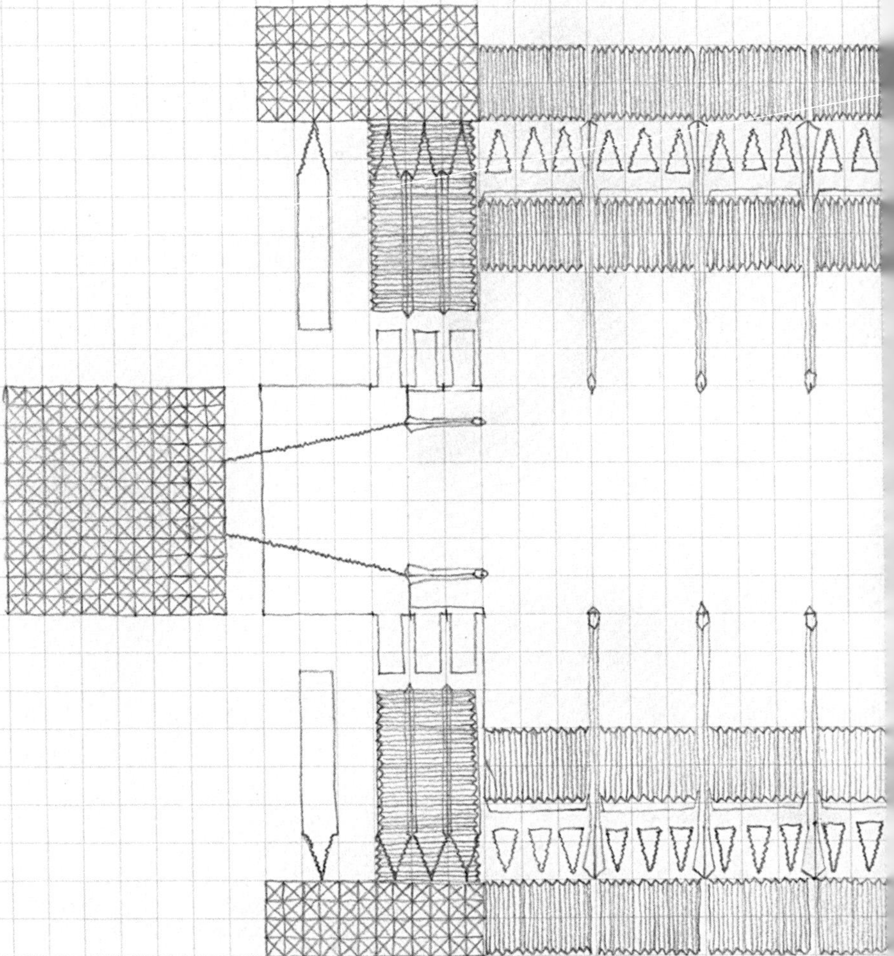

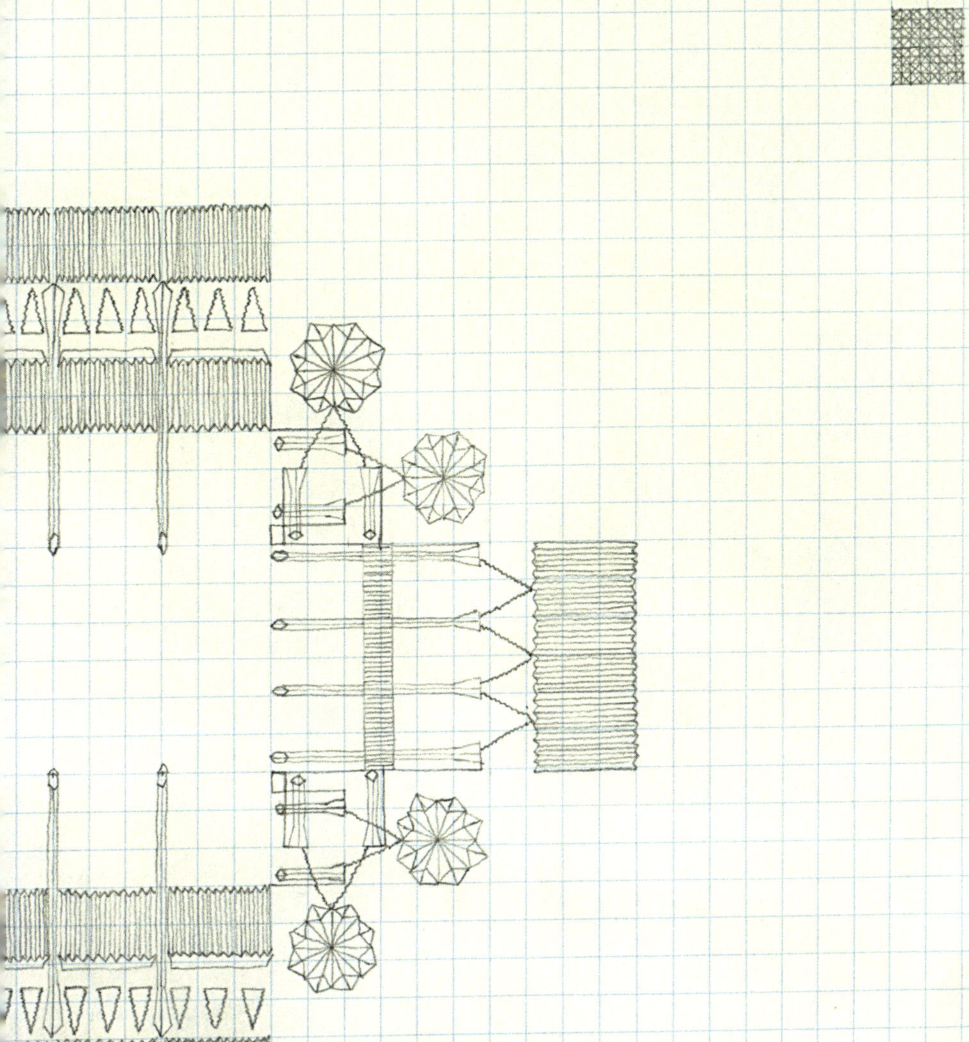

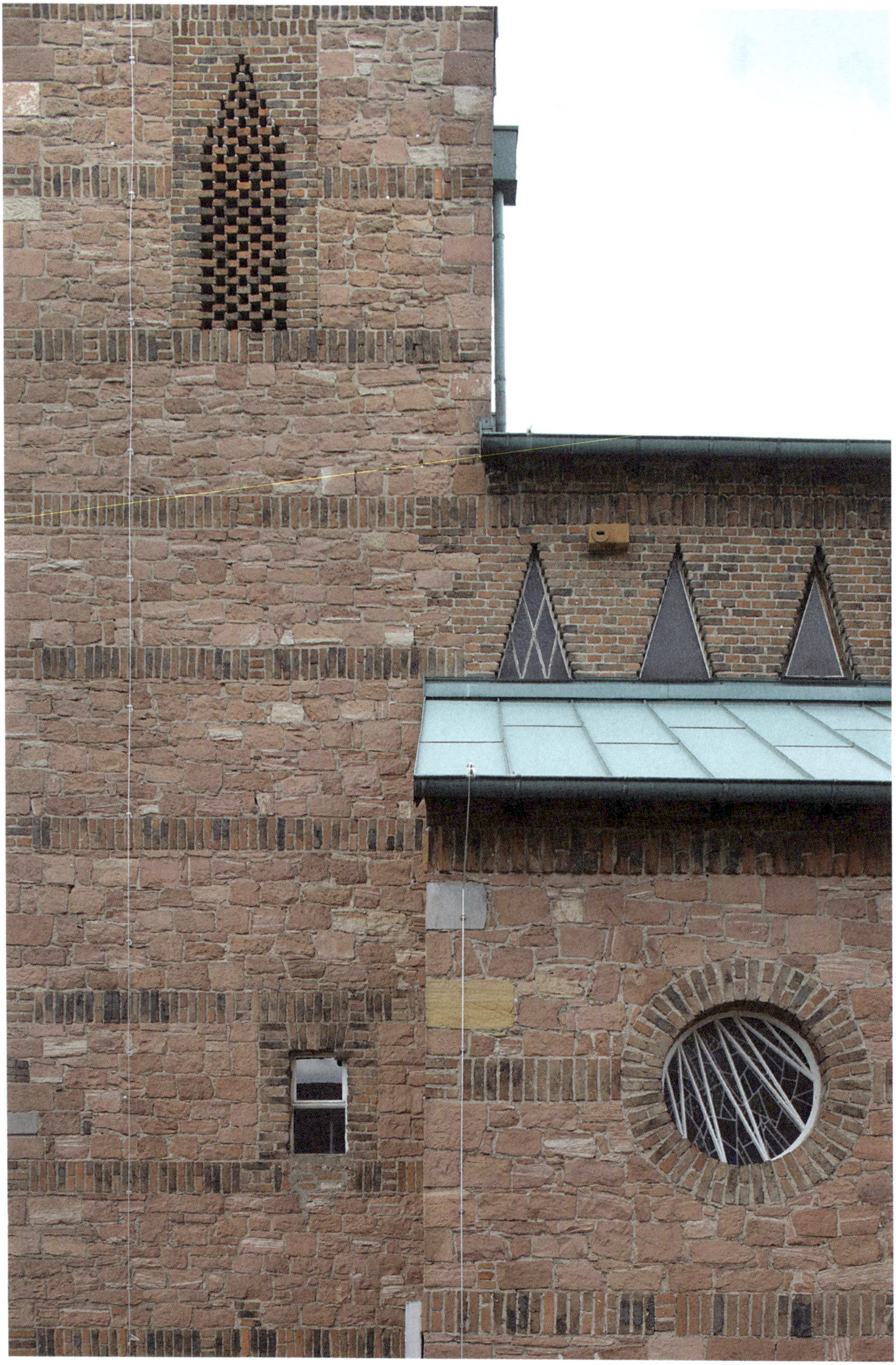

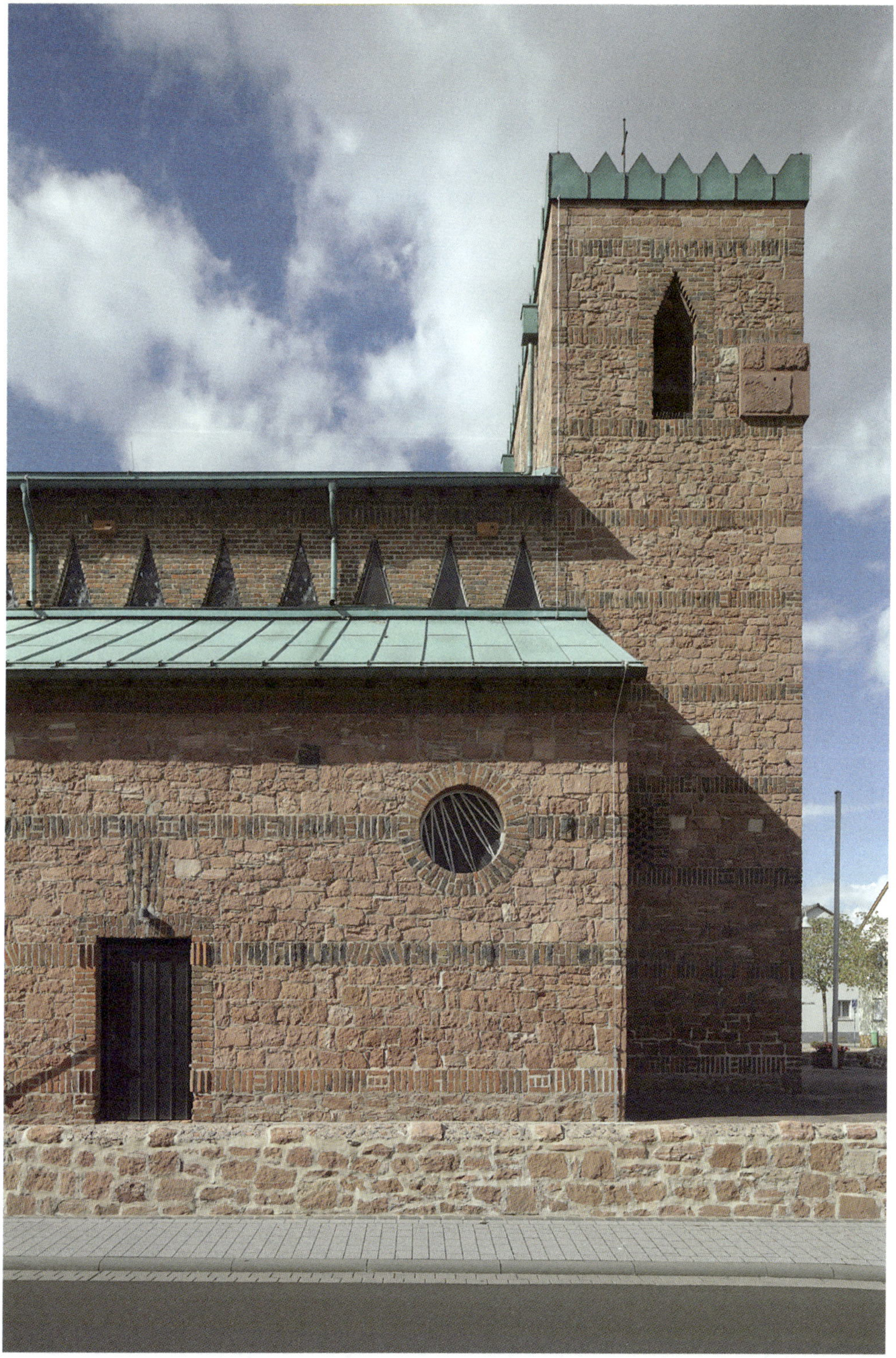

1923
Zur Einweihung der kath. Pfarrkirche in Dettingen am 1. Juli 1923.
Zu Gunsten des Kirchenbaues.

Arno Brandlhuber

A formative space

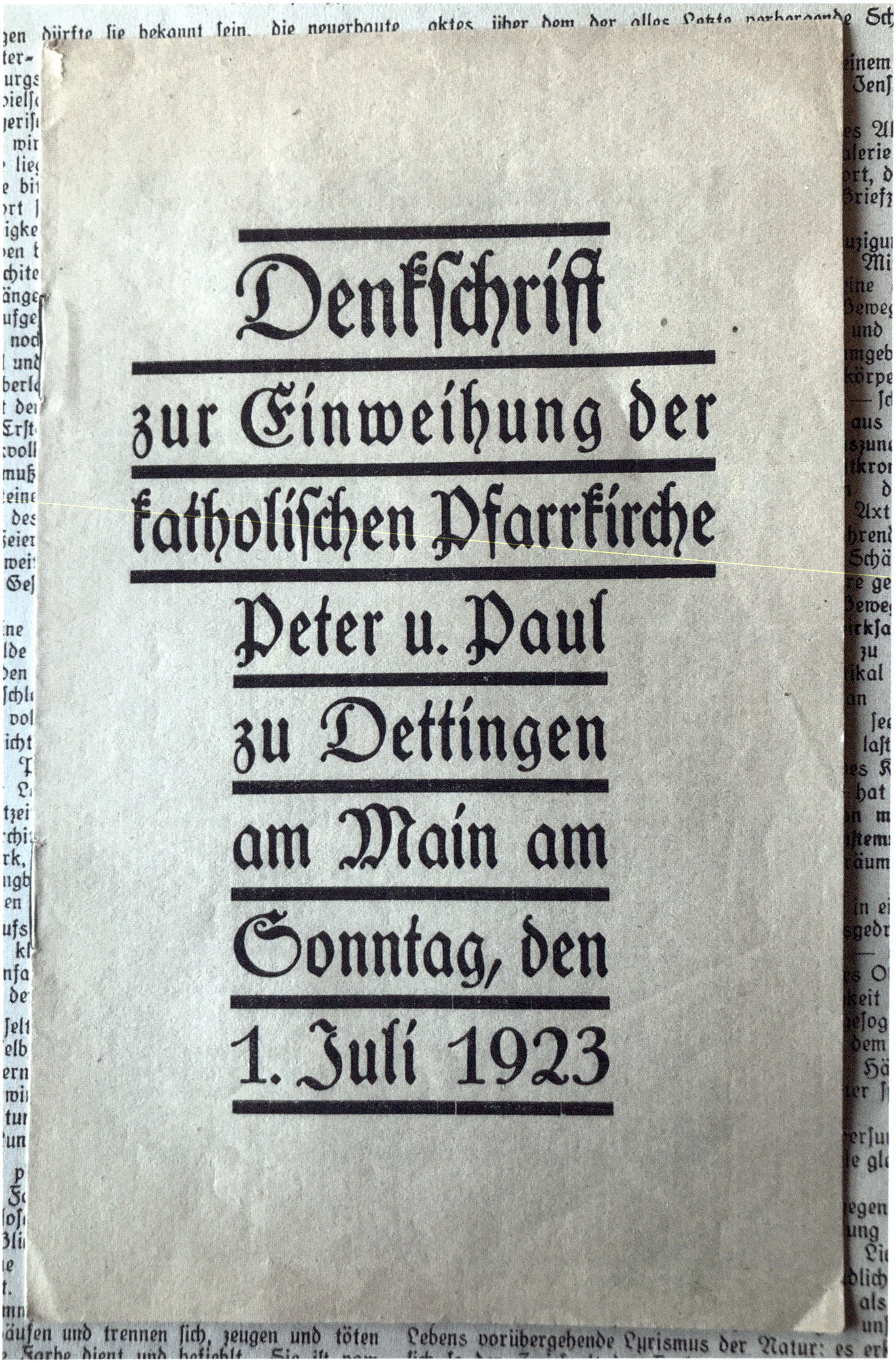

Denkschrift

zur Einweihung der katholischen Pfarrkirche Peter u. Paul zu Dettingen am Main am Sonntag, den 1. Juli 1923

Über die Vorgeschichte des Kirchenbaues gibt die am 25. Juni 1922 in den Grundstein gelegte Urkunde Aufschluß. Sie hat folgenden Wortlaut:

**Im Namen
der heiligsten und ungeteilten Dreieinigkeit
Amen.**

Dettingen hat schon zur Zeit Karls des Großen eine Rolle gespielt. Damals war es ein besuchter Wallfahrtsort, der des öfteren auch von Karl d. Gr. und seinem Gefolge besucht worden sein soll. Ja, die jetzige Kirche, die dem hl. Hippolyt geweiht ist, soll sogar von Karl d. Gr. erbaut sein. Im Jahre 897 ging Dettingen an das Stift Aschaffenburg über. Wahrscheinlich blieb es dabei, bis es im Jahre 1814 mit dem Fürstentum Aschaffenburg an Bayern kam.

Dettingen, das damals 287 Seelen mit 80 Häusern und 82 Herden zählte, nahm in neuerer Zeit einen großen Aufschwung. Infolge seiner günstigen Lage an der Wasserstraße, am Main, und an einer der bedeutendsten Eisenbahnstrecken wuchs die Einwohnerzahl rasch empor. Heute zählt es rund 1400 Einwohner, von denen 1300 der katholischen Religion angehören. Pastoriert wurde Dettingen von altersher von einem Hilfsgeistlichen von Klein-Ostheim, in dessen Pfarrverband es gehörte. Infolge der Vergrößerung des Ortes wurde aber ein eigener Seelsorgsposten angestrebt und dieses wurde erreicht: am 2. Febr. 1914 wurde Dettingen Expositur, am 22. September 1917 Lokalkaplanei und am 30. März 1922 schließlich zur Pfarrei erhoben.

Bei dieser Vermehrung der Bevölkerung wurde das alte Kirchlein natürlich zu klein und im Jahre 1902 wurde durch Hochw. H. Kaplan Johann Schuck ein Kirchenbauverein ins Leben gerufen, der sich den Bau eines neuen Gotteshauses zum Ziele gesetzt. Besondere Mühe gab sich in diesem Sinne H. H. Lokalkaplan Vinzenz Hofmann, der den Platz für den Neubau noch in günstiger Zeit erwarb und der außerdem das Vermögen des Vereins auf rund 100 000 Mark brachte. Unsere Kirchennot wird jeden Tag empfindlicher und es läßt sich die Regelung dieser Frage im Interesse einer gedeihlichen Seelsorge nicht mehr länger hinausschieben. Und da eine Vergrößerung der schönen, alten Kirche aus vielen Gründen unmöglich ist, so gehen wir in Gottes Namen an den Neubau. Die Pläne sind gefertigt von den Herren Architekten Dominikus Böhm und Martin M. F. Weber in Offenbach, der Bau wird ausgeführt unter Leitung dieser Architekten u. deren Bauführer Herrn Schmidt, Langen von

Die Pfarrkirche St. Peter und Paul zu De

Herrn Maurermeister Ferdinand Stock von hier. Die Zimmerarbeiten stammen von Herrn Peter Heßberger, Groß-Welzheim. Die Kirche wird gebaut aus Bruchsteinen aus den Steinbrüchen bei Bürgstadt a. M., der Kalk wird geliefert von Karl Gottfried Schmitt, Somborn.

In außerordentlich schwerer Zeit unternehmen wir dieses Wagnis. Die Folgen des verlorenen Weltkrieges 1914 bis 1918 machen sich immer empfindlicher bemerkbar. Die Teuerung auf allen Gebieten ist geradezu unerhört. Zum Beweise dessen seien einige Zahlen hierhergesetzt:

1 Pfund Butter kostete 1914: 80 Pfg. jetzt 75 Mk.
1 Pfund Rindfleisch kostete 1914: 65 Pfg. jetzt 55 Mk.
1 Paar Schuhe kosteten 1914 10—12 Mk. jetzt 800 Mk.
Maurer-Stundenlohn betrug 1914 50 Pfg. jetzt 30 Mk.

Wir sind so arm, daß alle Münzen aus Edelmetall eingezogen wurden; gegenwärtig gibt es nur noch Papiergeld und Münzen aus Blech, Eisen, Aluminium und Ton.

Wenn wir es trotzdem wagen, ein neues Gotteshaus zu bauen, so ist es die dringendste Not, die uns dazu veranlaßt. Trotz seiner Einfachheit wird es wohl in seinem Rohbau auf 700 000 bis 800 000 Mark zu stehen kommen.

Für alle Zeiten soll hier ein Denkmal gesetzt werden dem Opfergeist der Dettinger Bevölkerung, die seit 1. Januar 1922 schon eine Summe von 100 000 Mk. aufgebracht, die die ungezählten Fuhren zum Neubau umsonst leistet; ein ehrendes Denkmal auch dem löblichen Gemeinderat, der das Bauholz unentgeltlich und dazu noch vorerst eine Summe von 50 000 Mk. zur Verfügung stellte.

Nur nach diesen großen Opfern ist es uns heute, am 25. Juni 1922, möglich, den Grundstein zu legen, feierlich eingeweiht vom Vertreter der oberhirtlichen Stelle in Würzburg, dem Hochwürdigsten Herrn Dompropst Thaddäus Stahler, in Gegenwart der ganzen Gemeinde.

Dies geschieht unter dem glorreichen Pontifikate Seiner Heiligkeit

des Papstes Pius XI.,

da den bischöflichen Stuhl in Würzburg inne hat

Dr. Ferdinand von Schlör

da sind: Herr Buchner, Bezirks-Oberamtmann in Alzenau; Herr Leonhard, Pfarrer in Klein-Ostheim, Herr Franz Lang, erster Bürgermeister, Herr Alexander Stock, zweiter Bürgermeister, Jakob Kraft, Dismas Ritter, Gottfried Ehrenhort, Peter Herzog, Johann Jung II., Valentin Stock, Ignaz Rüfner, Ferdinand Jung, Kilian Eibeck, Bernhard Pistner, Johann Merget, Karl Merget, Mitglieder des Gemeinderats. Ignaz Rüfner, Georg Trageser, Valentin Heilos, Franz Heinzmann, Mitglieder der Kirchenverwaltung.

diese endlos ist. Runde und eckige Formen schießen zu das

Dettingen am Main

Zur Bestätigung alles dessen und zum ewigen Angedenken habe ich dieses Aktenstück eigenhändig unterschrieben und in den Grundstein gelegt. Wenn einmal in später Zeit diese Urkunde das Tageslicht wieder schaut, möge dann die Sonne ein besseres und glücklicheres Deutschland bescheinen als heute.

Dettingen, dom. III. p. Pent., 25. Juni 1922.

Hugo Dümler, Lokalkaplan.

* * * * * * * * * * * * * * * *

Der Verlauf der Bauarbeiten ging bei meist günstiger Witterung rüstig voran. Mit dem Aufführen der Mauern wurde anfangs Juni 1922 begonnen; bereits Ende September 1922 konnte das Dachwerk aufgeschlagen werden. Tünchermeister Josef Büchler aus Dettingen begann anfangs März 1923 mit dem inneren Verputz und die Dettinger Schreinermeister Jakob Merget, Johann Herzog und Martin Emge mit der Anfertigung der Türen, Treppen usw. Die Fenster führte Glasermeister Jakob Reuter aus. Die Schlosserarbeiten Alois Scherer, die Installation der elektrischen Beleuchtung Alois Weigand, alle aus Dettingen. Am 15. Juni wurde die letzte der drei Glocken im Turme hochgezogen. Diese sind auf es, ges und as gestimmt und haben ein Gesamtgewicht von rund 80 Zentner.

Unter welchen finanziellen Opfern der Bau erstanden ist, möge man daran ermessen, daß die in der Grundsteinurkunde erwähnten Preise für Butter, Fleisch und Schuhe mittlerweile von 75, 55 und 800 Mk. auf 20 000, 20 000 und 250 000 Mk., der Arbeitsstundenlohn von 30 Mk. auf zirka 5000 Mk. gestiegen ist. Wenn das Gotteshaus trotzalledem nunmehr zur Einweihung fertiggestellt ist, so verdankt es das in erster Linie dem grenzenlosen Opfersinn der kath. Kirchengemeinde Dettingen und dann der tatkräftigen finanziellen Unterstützung der Dettinger Amerikaner. Nicht unerwähnt darf hier Herr Pfarrer Kilian Schott in Evansville, Indiana, bleiben, dem auch an dieser Stelle der ganz besondere Dank der Kirchengemeinde ausgesprochen werden soll.

Der größte Dank jedoch gebührt dem rührigen, nimmermüden Pfarrherrn der Dettinger Kirchengemeinde, der mit unerschütterlichem Mut und Gottvertrauen das Werk begann und über alle Klippen und Hindernisse hinweg zur endlichen Vollendung gebracht hat. Sein großer Seeleneifer, mit dem er die Gemeinde in Wort und Beispiel für sein ideales Ziel zu begeistern und hinzureißen wußte, ist bereits auch von seinen kirchlichen Vorgesetzten dadurch anerkannt worden, daß diese den bisherigen Lokalkaplan Hugo Dümler am 29. September 1922 bereits zum Pfarrer von Dettingen installierte.

Während der Bauperiode hat sich auch die Kirchenverwaltung geändert. Sie besteht jetzt aus den Herren Alois Stock, Georg Trageser, Philipp Herzog und Anton Reuter, die ebenfalls ihren nicht geringen Teil zur Vollendung des Neubaues beigetragen haben.

r Welt vor Augen führen, als der

Die Pfarrkirche St. Peter und Paul zu Dett

Der Bau und seine innere Ausgestaltung.

„Bedarf die Kirche für den in der Mitte der Gläubigen gegenwärtigen Herrn einer Wohnung, so muß dies eine Opferstätte sein, eine Wohnung, deren Hauptort der Altar ist."

J. van Acken in „Christozentrische Kirchenkunst."

Die christozentrische Bewegung unserer Zeit war das Leitmotiv bei der Gestaltung der Peter- und Paulkirche in Dettingen a. Main. Von dem christozentrischen Raumgedanken ausgehend war unser Streben darauf gerichtet, eine energische Steigerung der räumlichen Wirkung mit der bestimmten und ausdrücklichen Richtung nach dem Hochaltar zu schaffen. Die Stützenreihung im Innern, das gedämpfte Licht im Schiff gegenüber der hell strahlenden Chorbeleuchtung, die Steigerung der farbigen Wirkung nach dem Hochaltar zu waren alles Mittel, dieses Ziel zu erreichen. Durch die Stützenreihung wird das Leichte, Schwebende des Raumes, das zunächst den Beschauer gefangen nimmt, weitergeführt nach dem Altare und dort in kreisende Bewegung in horizontaler Richtung aufgelöst. Das ganze Raumsehnen findet seine Erfüllung in der Opferstätte. Die kristallisch aufgelöste Chordecke und Wandfläche außerhalb des Bildes sind in Form und Farbe die Mittel, die Entmaterialisierung dieses Altarraumes zu erwirken. Hier finden unsere Opfer, unsere Gebete den Mittler zwischen Gottheit und Menschheit in Christus, dem Herrn.

Aus dem gleichen christozentrischen Bewegsgrunde schieben sich die beiden Seitenaltäre mit absichtlicher Bescheidenheit ganz auf die Seite und sind nicht, wie häufig sonst in katholischen Kirchen im Mittelschiff, etwa links und rechts im Chorbogen, aufgestellt.

Die Lichtquellen sind so angeordnet, daß sie den Gläubigen nicht ablenken. Sie liegen direkt unter der Decke des Mittelschiffes und gießen ihr mildes Licht über den ganzen Raum. Auf die Anordnung von Fenstern in den Seitenschiffen wurde mit Absicht verzichtet, um die Gemeinde durch die vollkommene Geschlossenheit des Raumes zur Abkehr von der Außenwelt und zur Sammlung und Andacht zu führen.

Der Kreuzweg im Innern führt den Eintretenden aus dem Werktage zum eigentlichen Ziel unseres Lebens, zu Gott unserem Herrn, der in seinem Opfertod am Kreuze uns das leuchtende Vorbild gibt der Ergebung in den Willen seines himmlischen Vaters. Das Kreuzesopfer auf Golgatha ist durch seine Anordnung unmittelbar über dem Altare auch gedanklich in Beziehung gebracht mit dem alltäglich sich erneuernden hl. Meßopfer. Die freudigen Themata der Verkündigung und Geburt Christi geben im Vordergrunde einen wirkungsvollen Gegensatz

diese endlos ist. Runde und eckige Formen schießen zu das Abgründige der W zu dem wuchtigen Drama der Kreuzigung. Die gesamte Malerei des Innenraumes stammt von dem Hanauer Maler Reinhold Ewald, der uns ein gleichgesinnter, außerordentlich wertvoller Mitarbeiter war.

Der Altar ist als geistiger Mittelpunkt des Raumes durch reiches Gold besonders hervorgehoben. Er zeigt in seinem Aufsatze die thronende hl. Dreifaltigkeit, umgeben von den zwölf Aposteln, schwebend zu beiden Seiten. Die beiden Seitenaltäre sind Maria und Josef geweiht; der erste soll als Pieta mit den zwei Ampeln der Erinnerung der im Kriege 1914 bis 1918 gefallenen Söhne Dettingens gewidmet sein. Der bildnerische Schmuck der Altäre stammt wie auch die beiden Portalfiguren Peter und Paul von dem bekannten Frankfurter Bildhauer Paul Seiler, der seine Aufgabe in großzügiger Weise löste. Es ist bei Seiler wie bei Ewald vor allem das vollendete Einfühlen in den Geist des Bauwerkes besonders zu erwähnen, und wir möchten auch an dieser Stelle diesen beiden Künstlern unseren Dank aussprechen. Die gesamte innere Ausstattung sowie die kunstgewerblichen Arbeiten, als Altäre, Fenster, Beleuchtungskörper, Bestuhlung usw. sind nach unseren Entwürfen und Angaben ausgeführt.

Die sachliche Gestaltung im Aeußeren entspricht ebenfalls dem christozentrischen Programm. Die beiden Flügelbauten streben mit Energie dem Hauptdache zu, das in bewußt einfacher Fläche den ganzen Raum zu *einer* großen Form zusammenfaßt. Die beiden Chorfenster betonen in sinniger Weise die Opferstätte auch im Aeußeren; die anderen Lichtöffnungen treten gegen diese bescheiden zurück. Der Turm hat durch die nicht zu Ende geführte Kraftentfaltung eine Wucht erhalten, die dem ganzen Gotteshause seine dominierende Stellung im Straßenbilde sichert. Er wirkt gerade durch seine gedrungene Form ungleich mächtiger, als dies durch einen hohen Turm zu erreichen wäre.

Als Baumaterialien wurden im Aeußern hauptsächlich die heimatlichen roten Mainsandsteine verwendet. Für die Stützen im Innern kam nur Eisenbeton in Betracht, um einerseits einen freien Blick auf den Hochaltar zu gewährleisten und andererseits das Leichte, Schwebende des Innenraumes nicht zu stören. Die Kirche liefert damit auch den Beweis, daß das bisher verpönte Material — Eisenbeton — sehr wohl für solche Zwecke zu verwenden ist, wenn damit nicht ältere Konstruktionsweisen nachgeahmt werden. Es sind aus dem gleichen Grunde Gewölbeimitationen in Eisenbeton vermieden, weil es dem leichten Eisenbetonmaterial widerspricht, Formen nachzubilden, die in früheren Zeiten durch die schweren, unelastischen Materialien, Backsteine und Bruchsteine, bedingt waren. Das Charakteristische des Eisenbetons ist die *gegossene, gestampfte* Hohlform, während das Backsteinmaterial geschichtete Lagen ergibt. Eine richtige Verwendung des Eisenbetons zu gewölbeähnlichen Deckenbildungen zeigen die beiden Beichtkapellen.

Im allgemeinen sei über christozentrische Kirchenbaukunst noch folgendes bemerkt: Die Pfarrkirche hat im Gegensatz zur Klosterkirche die weitere Aufgabe zu erfüllen, durch die Macht ihres Raumes die Gemeinde erst in die zur Mitfeier des hl. Opfers notwendige Stimmung zu versetzen, wogegen die Klostergemeinde den Raum bereits mit der erforderlichen Sammlung betritt. Wenn wir dazu uns heute krätigerer Mittel bedienen, als dies in früherer Zeit geschah, so ist dies ganz besonders durch das aufgeregte Erwerbsleben unserer Zeit begründet. Wenn auch beim ersten Betrachten des Raumes vielleicht manches eigenartig erscheint, so möge bedacht sein, daß zu allen Zeiten eine Stilwandlung sehr neu („modern“) gewirkt haben muß. Bei eingehendem Studium und Einwirkenlassen der Raumstimmung wird aber der Betrachter sehr wohl Verwandtes mit dem religiösen Mittelalter finden, wenn auch mehr dem Geiste als der Form nach. Wir glauben, daß uns das Hoffnungsfrohe der katholischen Religion, des Glaubens an die Unsterblichkeit der Seele, in der licht- und farbenfreudigen Gesamtstimmung des Raumes geglückt ist. Man könnte dieses unser Streben auch eine Verschmelzung von tiefernster Gotik und freudigstem Barock nennen. Ueber den Namen unseres heutigen Kunstschaffens brauchen wir uns nicht zu unterhalten; es war auch unseren großen Vorfahren in der Gotik wohl nicht bewußt, daß sie „gotisch“ bauten. Auf jeden Fall hat dieser Bau mit „Expressionismus“ nichts zu tun. Wohl aber ist unsere Kunst Ausdruckskunst — wie alle historische Kunst überhaupt — weil sie die Form als Mittel zum Zweck benützt, um damit einen seelischen Zustand auszudrücken. Sie wird damit Gottesdienst im hohen Sinne des Wortes. So tritt sie in Gegensatz zur heidnischen Antike, welche die Schönheit der Form *in erster Linie* um ihrer selbst willen darstellte. Unmöglich dürfte es sein, mit den Bauformen eines Tempels von Paestum den seelischen Raumgehalt eines Bamberger Domes oder der Kirche von Vierzehnheiligen zu erreichen. Auf den Gebieten der Plastik und Malerei liegen die Verhältnisse ganz ähnlich, wie der Vergleich einer antiken Statue mit der Nürnberger Madonna zeigt, die gerade durch die überschlanke Gestalt und anmutige Bewegung in unübertrefflicher Weise das Hoheitsvolle der Gottesmutter zum Ausdruck bringt.

Es ist durchaus nicht notwendig, daß alle diese Momente dem Gläubigen zum Bewußtsein kommen; wohl aber werden sie dazu beitragen, ihn zur Sammlung und Andacht zu stimmen. Mögen diese Erläuterungen dazu verhelfen, dem Besucher das Verständnis für den Raumgehalt des neuen Gotteshauses zu erschließen. Das dürfte dem hochwürdigen Bauherrn, Herrn Pfarrer Dümler, wohl der schönste Dank für seine großen Opfer und das stets harmonische Zusammenarbeiten mit den Schöpfern sein.

Am Feste der Kirchenpatrone Peter und Paul im Jahre 1923.

Dominikus Böhm.
Martin M. J. Weber.

I can still remember when my interest in the history of Dettingen began. I was a scout, and together with my friend Armin Hofmann, we had chosen to write about the history of Dettingen, which later became the municipality of Karlstein, as part of a project.

The fusion of the region's different municipalities was materialized in its crest, which shows a cross together with the symbol of an atom. The crest represents compromise between different communities and ideas, and is one of a kind throughout Europe.

The symbol of the atom represents the first experimental nuclear power plant that was built in our region. Before building it, authorities travelled to England to visit an already existing one. Afterwards, they returned to the region with good reports, thereby calming the public fears about this new and unknown technology, which symbolized revolution and modernity.

This goes well with Dominikus Böhm's church in Dettingen, which was the first modern Catholic church in Germany. Böhm's methodology was not tied to historicism; instead, he only quoted history through classical architectural motifs, like crenellations, triangle windows, and so on. It was neither Gothic Revival, nor Baroque Revival, but was its own style characterized by a Christocentric idea.

But the people of Dettingen never publicly addressed the topic of modern architecture. Instead, they focused on the frescos of Reinhold Ewald in the Church of Dettingen.

His commission remains a mystery even today.

Some people considered Ewald's painting blasphemous. After receiving complaints, the parish stopped work on the painting for some months. The auxiliary bishop gave a statement that the church should make art that is priestly, but many people thought his painting belonged more in an art gallery than in a church. In their opinion it was art that destroyed the classic idea of humanity. They were afraid that expressionism would destroy the traditional ideas everyone was used to. Böhm believed that the church should regain importance after losing significance during periods of liberalism and communism during the 19th century. He aimed to restore pious belief in the region through Building (Bauwerke). The church of Dettingen is somewhat proof of this.

Further, Böhm implemented the idea of the single room church (Einheitsraumidee), which has a lot to do with the Christocentric idea. This is the idea that one should be able to see the central altar from all sides, so that the whole community could be involved.

In addition to the interior experience, the church was physically built through a strong civic engagement. Gatherings happened on a regular basis that helped fund its construction. People helped to unload rocks that came from Miltenberg, and helped with preparation work.

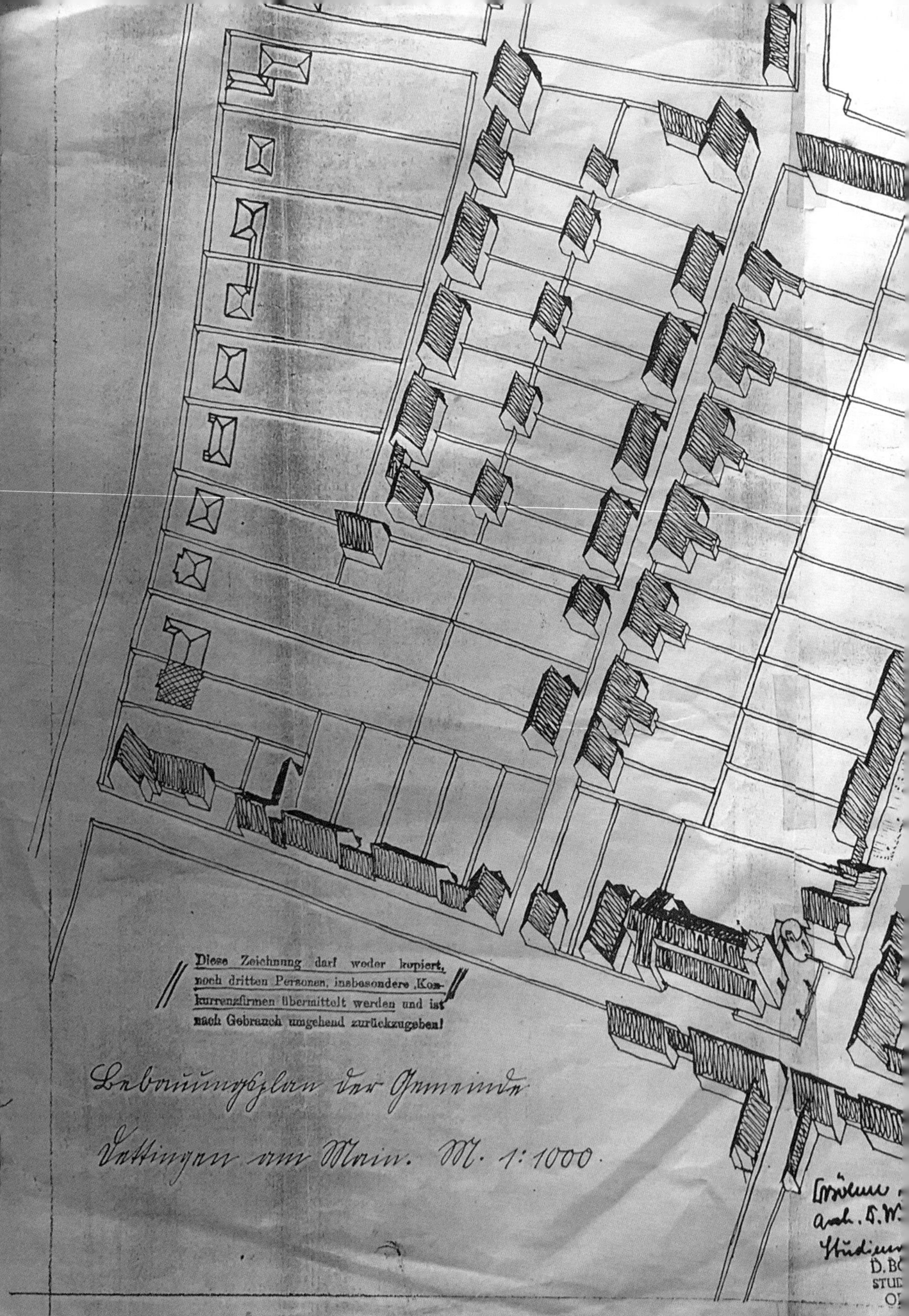
Diese Zeichnung darf weder kopiert, noch dritten Personen, insbesondere Konkurrenzfirmen übermittelt werden und ist nach Gebrauch umgehend zurückzugeben!
Bebauungsplan der Gemeinde
Dettingen am Main. M. 1:1000

D. BÖHM, ARCHITEKT D.W.B. & B.D.A.
STUDIENRAT A.D.TECHN.-LEHRANSTALTEN
MAINSTR. 31.
N.
1925
KT D.W.B. & B.D.A.
LEHRANSTALTEN
M., MAINSTR. 31.

Maarten Delbeke

Architecture and its communities

A surprising document relating to the Catholic church that Dominikus Böhm and Martin M.J. Weber designed in Dettingen am Main, the church of St. Peter und Paul, is the small booklet produced on the occasion of its consecration on July 1, 1923: the *Denkschrift zur Einweihung der katholischen Pfarrkirche Peter u. Paul zu Dettingen*. Less so because of its genre—a pamphlet commemorating the consecration of a church—than because of what the *Denkschrift* contains, and the way it frames the building.

The consecration of a church is not only a specific liturgy but also the at once solemn and festive moment when the building, an artefact, becomes the spiritual centre of a community. Since the beginnings of Christendom this moment has been celebrated and commemorated, engendering sophisticated works of rhetoric and poetry, as well as images intended to commemorate the feasts and ceremonies surrounding the occasion. The *Dettingen Denkschrift* is a rather modest contribution to this tradition. It is a small booklet of a few pages, with no illustrations, containing the text of a charter about the "prehistory of the church building" written by the "Lokalkaplan" Hugo Dümler, a short addition to the charter relating the building process and its completion, and an essay "Der Bau und seine innere Ausgestaltung," written by Böhm and Weber, a brief justification of the project.

This last essay has received attention in the literature on Böhm and Weber because it explains the building's architectural features that cast it as "christozentrische Kirchenkunst." As such, the design and building of the St. Peter und Paul has been interpreted as a foundational moment in the development of religious architecture in 20th century Germany, which would go on to be epitomized by the work of Rudolf Schwarz. "Christozentrische Kirchenkunst" was a liturgical programme promoted by Johannes van Acken in an eponymous book first published in 1922. The focus of this programme is declared in a quote taken from van Acken that opens the text of the *Denkschrift*: the church is foremost an "Opferstätte," "a house whose main site is the altar." The text by Böhm and Weber goes on to detail how the whole church has been conceived so that "[das] ganze Raumsehen ... seine Erfüllung [findet] in der Opferstätte." The nave only receives light from small windows placed directly under the roof above the aisles, while the altar is framed by a large arch that hides the openings illuminating the altar and the short apse. This is not a heaven on earth, as in a rococo church, but the materialization of a solemn and not necessarily pleasant trajectory from the outside world, into the twilight of the interior, to the bright centre of spiritual salvation obtained through the sacrifice of the cross.

The world outside of the church is made present in the other main contribution to the *Denkschrift*: the text of Dümler's charter. As its title indicates, it was buried with the foundation stone when work on the church solemnly started on June 25, 1922. This text is also worthy of some attention, as a complement not only to the written considerations of Böhm and Weber, but also to their architectural work. After all, Dümler's original charter awaits the moment when Böhm's and Weber's architectural statement will no longer remain there for all to see, aspiring to a different kind of longevity than that guaranteed by bricks and mortar. As Dümler puts it at the end of his text: "In order to certify all this, and as an eternal memorial, have I signed this deed single-handedly and laid it in the foundation stone. When once in later times this charter will again see the light of day, may then the sun shine on a better and happier Germany than today."

Burying accounts such as Dümler's at the foundation of a building is as rich in precedent as the celebration of its consecration. Foundations of buildings have been enriched with all kinds of sacrifices since the beginning of recorded history. More in particular, since the Renaissance the objects buried with foundations have been conceived as what has been termed "time capsules," artefacts that encapsulate the moment of the foundation so as to preserve its memory until, through the vagaries of time, these remnants will be unearthed once more. As the previous quote illustrates, Dümler's text explicitly engages with this notion. Also the content of the charter evinces an acute historical awareness. After sketching the history of Dettingen and its church, Dümler evokes how in 1902 a *Kirchenbauverein* was established to secure the construction of a sanctuary large enough to accommodate the community of the faithful in the newly established independent parish. Because of the War and the ensuing hyperinflation, the initial starting capital quickly became insufficient, Dümler writes, and the church was built under circumstances of extreme poverty. This information serves to evoke the extreme generosity, devotion and communality of the population in bringing about the new building, a trope with its own history in this kind of literature, but here also a true testimony of the active collaboration of the community in the construction process at a time of great hardship. Dümler's text even offers a precise glimpse of the stark economic and political reality surrounding the project, as it includes a table illustrating the inflation of the prices of such basic commodities as butter, meat and shoes, as well as the hourly wage of a mason. This information corroborates the multiple historical sources related to the design and building process that urge for a speedy execution of the project in order to stay ahead of the ever-increasing prices. The short text in the *Denkschrift* relating to the completion of the building, written in 1923, does not fail to update the report on the hyperinflation, and mentions the American support received by the parish necessary to complete the church.

When the Dettingen church was consecrated, the painter Reinhold Ewald had been involved with the project for about three months. By July 1923 he had probably finished the monumental Golgotha behind the altar, the scenes of the Annunciation and Nativity on the triumphal arch, and two of the monumental Stations of the Cross in the side aisles. It would take Ewald and his collaborators probably three more years to finish the entire cycle. According to a short text by Ewald first published in a guidebook to the church in 1973 (and written in 1967), his first impression of the building—now considered the first modern church building in Germany, the point of origin of an entire tradition—had not been too positive: "all parts were too material and factually measurable—whether one considered columns or distances but also the use of materials." The whole appeared, in his untranslatable words, too "dünnbaulich" (thinly structured). In Ewald's view, the architecture also indulged in playful decoration, with the motif of the triangle and its emphatic brick colour. Consequently, Ewald saw it as its mission to expand the inner space of the church, give depth to the walls and let his wall painting "radiate back" into the room, by "suspending" its length and width: "To me it was absolutely necessary ... to use these elements of wall and space only as supports for an altogether different effect ..."

Ewald had not been Böhm's first choice for the decoration of the interior. Probably the architect would have opted for Heinrich Holz, who had painted the interior of Böhm's earlier, temporary St. Joseph's church in Offenbach, almost a wooden prototype for the stone church in Dettingen. There, Holz's paintings supported the architectural structure, increasing its legibility while conveying particular religious meaning to its structure. Ewald was, for his part, intent on exploding the stone edifice of Dettingen. It is striking, for instance, how the frescos incorporate references to Böhm's architecture in order to recast them as elements of an entirely different spatial system. The jagged edge of the opening in the choir screen reappears as the upper frame of the Nativity scene, slanted almost but not quite in parallel to the roof structure of the nave. Visually this line forms part of series of vertical elements that move like a pendulum across the back space of the church, encompassing (from right to left) Joseph's ladder, the crucified Jesus (supported by another ladder), and the beam of light falling over the angel Gabriel in the scene of the Annunciation. If this pendulum incorporates the slanted opening in the choir wall, it is hardly determined by it. The motif of the jagged edge then reappears in the Annunciation, now however positioned vertically and cut off at a level corresponding to the lower edge of the windows opening onto the nave. This level defines the upper limit of the Annunciation and Nativity, in complete defiance of the architectural composition of the choir wall.

Recent restoration campaigns have brought to light colour traces on the architecture that suggest Ewald's frescoes also overwhelmed an original colour scheme devised by Böhm and Weber. The lower section of the walls and piers would have been painted dark grey, with the tone growing lighter as it moved upwards; the trabeation of the roof and the arches of the confessional chapels were ochre, and the arch in the choir wall was gilded. This scheme was already removed in 1926, when Ewald's cycle was completed, almost as if his frescoes washed away the subtle accents that were supposed to support the "christocentric" space of Böhm's and Weber's interior (in his text, Ewald points out how he wanted to emphasize the centre of the church, with no mention of the altar). But this light iconoclasm pales in comparison to the reactions that Ewald's frescoes unleashed from the moment of consecration, well before their completion. The bishop charged with the consecration, Adam Senger, wrote immediately after the ceremony to Dümler and complained that he found Ewald's work unfit for a church. This missive added official weight to vehement popular criticism, some of which called to chase the painter from the church. Senger's alarm caused an interruption of the painting works for three months, when the option of a new decorative program was considered, until an intervention of the chief conservator of the Landesambt für Denkmalpflege, Georg Hager, tipped the scales in favour of Ewald. In the meantime, the Dettinger frescoes had become a topic of debate in local as well as regional journals and magazines.

Thanks to admirable research much is known about this debate. The Dettingen case fits into a larger discussion about the reform of religious art in Germany, and particularly the role of expressionism therein. Part of this debate concerned the question of whether Christian art should adapt itself to the expectations of "the people," whose taste in religious art was shaped by what some voices labelled traditional kitsch, with no attempt to hide their contempt. Critics of expressionist art questioned whether those same "people" would be able to identify with this new art, or whether expressionist painting would fulfil the basic functions of praising God and educating the faithful. The architecture of Böhm and Weber, too, was the subject of criticism and even labelled as blasphemous, despite its traditional basilical plan and its use of local stone. Others called it "hypermodern." But at least the *Denkschrift* and several letters written by Dümler were able to cast this construction as the embodiment of a truly Christian communality, and the fruit of the love and labour of the same "people" so deeply affected by Ewald's paintings.

The available sources do not reveal whether Ewald's intervention caused this communality to rupture, for instance over questions of whether it caused the bond between the parish priest and his community to break. In other words, whether the decoration of the church could fulfil a similar role as the one attributed to its construction in the *Denkschrift*. But it does not take great leaps of the imagination to suppose that when the doors at Dettingen opened for this first time and Ewald's Golgotha presented itself to the world, something changed in the relationship between "the people" and their church, and that a new process of acquaintance had been initiated. The sense of legitimate ownership that a community would have experienced over a building made from stones they hauled after long shifts at the factory (as Dümler writes) will have been challenged by the literally otherworldly interventions of Ewald. This challenge would have not just been a matter of 'popular' expectations or of the distinction between high and low art, but probably also of the difference in how architecture or painting can possibly engage with communities—the first in very material ways, the second as an object of contemplation, a difference almost embodied in their visible disjunction. Still, at Dettingen, they both shaped a process of initiation, from a deeply troubled outside world to an equally challenging interior.

For a significant portion of pre-millennial European architects the time spent in church during their youth was the first moment when architecture could attract their sustained attention, if only out of sheer boredom with the proceedings at the altar or chancel. Regardless of whether these moments converted them to architecture, in many cases they did reveal an intentionality in the construction of an environment that is lacking (or veiled) in the world outside, even more often with conflicting intentionalities, for instance when church interiors were reconfigured after the Second Vatican Council. We can think of the church, or any religious building, as a moment when architecture is free to articulate its connection with the fundamentals of human existence. But as the Dettingen church suggests, it also invites us to think about intentions, their conflictuality, and the communities that shape them.

For all historical data concerning the church and its decoration, this text is indebted to Michael Pfeiffer (ed.), *Kosmischer Raum. Die Dettinger Passion des Expressionisten Reinhold Ewald* (Regensburg: Schnell & Steiner, 2011), and Helmut Winter's essay there on the reception of Ewald's work ("'Es muss deshalb nicht Dettingen werden.' Die Dettinger Passion im Spiegel der Kritik", pp. 161–178); and Michael Pfeiffer (ed.), *Sehnsucht des Raumes: St. Peter und Paul in Dettingen und die Anfänge des modernen Kirchenbaus in Deutschland: Dominikus Böhm, Martin Weber, Reinhold Ewald* (Regensburg: Schnell & Steiner, 1998), which reproduces the texts of Dümler as well as from Böhm and Weber from the *Denkschrift*, and Ewald's comments on the architecture of the church. Original copies of the *Denkschrift* are quite rare. The notion of a foundation gift as a "time capsule" has been proposed by Minou Schraven, for instance in the introduction to Maarten Delbeke, Minou Schraven (eds), *Foundation, Consecration and Dedication in Early Modern Europe. Intersections*, vol. 22 (Leiden: Brill, 2012).